Conozca los personajes de la Biblia

CONOZCA LOS PERSONAJES DE LA BIBLIA

70 PERFILES BIOGRÁFICOS DE PERSONAJES BÍBLICOS

Tyndale House Publishers
Carol Stream, Illinois, EE. UU.

Visite Tyndale en Internet: tyndaleespanol.com y BibliaNTV.com.

Tyndale y el logotipo de la pluma son marcas registradas de Tyndale House Ministries.

Conozca los personajes de la Biblia: 70 perfiles biográficos de personajes bíblicos

© 2022 por Tyndale House Ministries. Todos los derechos reservados.

Perfiles adaptados de *NLT Study Bible* por Tyndale House Publishers, Inc. con ISBN 978-1-4964-1665-0.

Fotografía de Moisés en la portada © nickolae/Adobe Stock. Todos los derechos reservados.

Ilustración del patrón geométrico en la portada © Sunny/Adobe Stock. Todos los derechos reservados.

Diseño: Alberto C. Navata Jr.

Las citas bíblicas sin otra indicación han sido tomadas de la *Santa Biblia*, Nueva Traducción Viviente, © 2010 Tyndale House Foundation. Usada con permiso de Tyndale House Publishers, 351 Executive Dr., Carol Stream, IL 60188, Estados Unidos de América. Todos los derechos reservados.

Para información acerca de descuentos especiales para compras al por mayor, por favor contacte a Tyndale House Publishers a través de espanol@tyndale.com.

ISBN 978-1-4964-6169-8

Impreso en Estados Unidos de América
Printed in the United States of America

28 27 26 25 24 23 22
 7   6   5   4   3   2   1

Contenido

Adán y Eva

Adán fue el primer hombre y padre de la raza humana. Dios lo formó de la tierra y sopló vida en él; él debía cultivar el jardín en el que Dios lo puso, nombrar a los animales y seguir las instrucciones de Dios (Génesis 1:28; 2:7, 15-17, 19-20). Dios creó a la primera mujer, Eva, como compañera y ayuda de Adán, y se le honra como «la madre de todos los que viven» (2:18-22; 3:20). Ser creada de la costilla de Adán representa la unidad que Dios tenía pensada para el hombre y la mujer en el matrimonio (2:23-25). Dios creó a la primera pareja a su propia imagen para poblar la tierra y gobernar el orden creado (1:26-31).

La serpiente engañó a Eva para que rechazara el gobierno de Dios; Adán entonces también se rebeló, dañando la relación entre ellos y separándolos de Dios (3:1-7). Dios fue en busca de Adán; él y Eva estaban escondidos entre los árboles, conscientes de estar alejados de Dios (3:8). Dios lo interrogó, y Adán culpó a Eva y, por ende, a Dios (3:12). Su rebelión trajo dolor; relaciones tensas; dificultad para gobernar la tierra; y muerte, tanto física como espiritual (3:16-19, 22-24). Pero Dios los vistió con pieles de animales y les prometió que la descendencia de Eva derrotaría a Satanás (3:15, 21; ver Romanos 16:20; Apocalipsis 12:1-9; 20:1-10).

Adán fue una persona histórica (Génesis 4:25; 5:1-5; 1 Crónicas 1:1; Oseas 6:7; Lucas 3:38; Romanos 5:14; 1 Corintios 15:22, 45; 1 Timoteo 2:13-14; Judas 1:14) que también representa a la humanidad. Los mandatos y las maldiciones de Dios afectaron no solo a Adán y Eva, sino a toda la raza humana (Génesis 1:26-30; 3:16-19). Adán representa la separación de Dios que toda la humanidad experimenta.

El apóstol Pablo contrastó a quienes Adán representa con quienes siguen a Cristo, el «último Adán» (Romanos 5:12-21; 1 Corintios 15:45-50; ver Romanos 8:5-11, 20-22). Aquellos representados por Adán viven según su ejemplo: participan de su pecado; de su alejamiento de Dios y de la creación; y de su muerte espiritual. Aquellos que siguen a Cristo viven por la fe en él. Son creados de nuevo a la imagen de Cristo y son «persona[s] nueva[s]» que participan de una creación nueva (ver Romanos 8:29; 1 Corintios 15:49; 2 Corintios 5:17; Gálatas 6:15). Cristo remueve las barreras que Adán y Eva levantaron; Cristo restablece lo que perdieron (Romanos 5:1; 2 Corintios 5:19; Gálatas 3:27-28; Efesios 2:14-16).

Pasajes para estudio adicional

Génesis 1:26-31; 2:4–3:24; 4:25–5:5; Oseas 6:6-7; Lucas 3:38; Romanos 5:12-21; 1 Corintios 15:22, 45-49; 1 Timoteo 2:13-14

Noé

Noé fue el hijo de Lamec, descendiente de Set (Génesis 5:3-29). Es posible que Lamec tuviera la esperanza de que Noé (cuyo nombre significa «descanso» o «alivio») mitigaría la maldición de la dificultad para labrar la tierra. En lugar de eso, Dios usó a Noé para ayudar a liberar al mundo del mal.

Dios tenía pensado destruir la creación a causa de la maldad humana generalizada, pero decidió proteger a Noé (Génesis 6:1-8; ver Mateo 24:37-39; Lucas 17:26-27). Dios le dio a Noé, hombre justo e intachable, instrucciones precisas para construir el arca en la que se salvarían solo ocho personas de su familia, junto con todo tipo de criaturas (Génesis 6:9, 14–8:19). Cuando Noé y su familia por fin salieron del arca después del diluvio, Noé agradó a Dios al construir un altar y sacrificar ofrendas quemadas. Dios prometió que nunca más inundaría toda la tierra ni interrumpiría la secuencia de las estaciones, a pesar del pecado humano (Génesis 8:20–9:17).

Los hijos de Noé fueron Sem, Cam y Jafet. Todas las naciones de la tierra descienden de ellos (Génesis 9:18-19). Cuando Noé se emborrachó con el vino de su viñedo, maldijo o bendijo a sus hijos y a sus descendientes conforme a cómo habían actuado hacia él (Génesis 9:20-27). Noé vivió 950 años, 350 de ellos después del diluvio (Génesis 9:28-29). Él es ejemplo de justicia, obediencia, valor y fe (ver Ezequiel 14:12-20; Hebreos 11:7; 2 Pedro 2:5).

Pasajes para estudio adicional

Génesis 5:28–10:1; 1 Crónicas 1:4; Isaías 54:9; Ezequiel 14:12-20; Mateo 24:37-38; Lucas 3:36; 17:26-27; Hebreos 11:7; 1 Pedro 3:20-21; 2 Pedro 2:5

Melquisedec

Melquisedec es un personaje bíblico misterioso, cuyo nombre significa «rey de justicia». Fue un sacerdote y rey cananeo; no hay registro de su familia ni del principio o el final de su vida.

Abraham se encontró con él después de derrotar a cuatro reyes mesopotámicos, quienes habían invadido a Sodoma y Gomorra y capturado a Lot, sobrino de Abraham (Génesis 14:1-16). Cuando Abraham volvía de la batalla, Melquisedec, rey de Salem (Jerusalén), estaba con los reyes agradecidos de la coalición del mar Muerto. Cuando Melquisedec le dio pan, vino y su bendición a Abraham, estaba fungiendo como un «sacerdote del Dios Altísimo», el Dios verdadero que creó el cielo y la tierra (Génesis 14:18; ver Salmo 7:17; 47:2; 57:2; 78:56). Melquisedec entendió bien que Abraham adoraba al Dios verdadero, y alabó a Dios por darle la victoria a Abraham (Génesis 14:19-20). Abraham recibió los obsequios de Melquisedec y le dio el diezmo, lo que manifestó la importancia de Melquisedec (ver Hebreos 7:4-10).

Mientras Génesis ofrece las genealogías de muchos de sus personajes, Melquisedec aparece de repente, sin ningún registro, y así desaparece. Mucho después, en la historia de Israel, el rey David quizás reflexionaba sobre eso cuando dijo que el Mesías es un «sacerdote para siempre, según el orden de Melquisedec» (Salmo 110:4; ver Hebreos 7:15-25). El libro de Hebreos retoma la falta de registro genealógico y la usa para comparar el sacerdocio levítico temporal con el sacerdocio eterno de Cristo. También explica que Melquisedec es recordado como alguien «a semejanza del Hijo de Dios», pero no era el Hijo de Dios (Hebreos 7:3). Su sacerdocio dura para siempre como un arquetipo que prefigura el sacerdocio del Mesías. Al igual que Melquisedec (pero a diferencia de los reyes de Israel), Jesús es un rey que cumple funciones sacerdotales.

Melquisedec, sacerdote real, fue superior a Leví, antepasado de los sacerdotes de Israel. De la misma manera, el Mesías, Jesucristo, es mejor sacerdote que los descendientes de Aarón. Jesús provee expiación permanente de los pecados y acceso directo a su Padre (Hebreos 7:24-28). Él guía a su pueblo por medio del Espíritu y no por la ley, y vive para siempre como sacerdote y rey de quienes confían en él (Hebreos 8:7-13).

Pasajes para estudio adicional

Génesis 14:17-20; Salmo 110:4; Hebreos 5:6-10; 6:20–7:28

Agar

Agar fue la sierva egipcia de Sarai, esposa de Abram. Cuando Dios le mandó a Abram que dejara Mesopotamia, le prometió una multitud de descendientes que recibirían una nueva tierra (Génesis 12:2, 7). Después de diez años en Canaán sin tener hijos, Sarai usó una costumbre mesopotámica habitual al darle a Agar a Abram como concubina; cualquier hijo que naciera de la unión de un esposo con una concubina se consideraba hijo de la esposa (ver 30:1-8).

Agar quedó embarazada y se volvió irrespetuosa con Sarai durante su embarazo. Sarai la trató con severidad, y Agar huyó al desierto (16:4-6). El ángel del Señor se le apareció en un pozo, y le dijo que volviera y se sometiera a Sarai.

Agar dio a luz a un hijo, Ismael, cuando Abram tenía ochenta y seis años (16:1-16).

Catorce años después, Dios les dio a Abraham y Sara a Isaac, su hijo prometido. Cuando estuvo a punto de ser destetado (alrededor de los tres años), se celebró una fiesta tradicional en la que Ismael se burló de Isaac, y Sara insistió que Abraham echara fuera a Agar e Ismael (21:9). Dios ratificó esta acción, así que Abraham despidió a Agar e Ismael a que deambularan en el desierto de Beerseba (21:12). Cuando se les acabó el agua, Dios los rescató milagrosamente y le aseguró a Agar que Ismael sería padre de una gran nación (21:17-19).

Pablo hizo una analogía en la que Agar representa al monte Sinaí, donde se estableció el antiguo pacto, y Sara representa a la Jerusalén celestial, la comunidad de quienes reciben la salvación por la fe en Cristo (Gálatas 4:22-31). Así como Isaac fue hijo de Abraham por la fe en la promesa divina, los cristianos libres de la ley son hijos espirituales de Sara.

Pasajes para estudio adicional

Génesis 16:1-16; 21:9-21; 25:12; Gálatas 4:22-31

Ismael

Ismael fue el primer hijo de Abraham, nacido de Agar, la sierva egipcia de Sara. Él nació cerca de Hebrón cuando Abraham tenía ochenta y seis años (Génesis 13:18; 16:16). Dios había prometido que haría una gran nación de Abraham, quien no tenía hijos, y le aseguró que tendría un hijo heredero (12:2; 15:4). Ismael nació cuando Abraham intentó cumplir la promesa de Dios a través de medios humanos, pero Dios de todas maneras cumpliría sus propósitos por medio de Sara (ver Génesis 16:1-16; 17:15–18:15; 21:1-7; Gálatas 4:23).

Cuando Dios anunció que Sara tendría un hijo para cumplir la promesa, Abraham le pidió a Dios que aceptara a Ismael (17:15-18). Ismael no era el hijo prometido, y el pacto se establecería con Isaac, pero Dios aun así bendijo a Ismael y lo hizo padre de una gran nación (17:19-21).

A los trece años, Ismael fue circuncidado según el pacto de Dios con Abraham (17:9-14, 23-27). Más adelante, en la celebración de destete de Isaac (cuando Ismael tenía unos diecisiete años), Ismael se burló de Isaac, y Abraham despidió a Ismael y Agar con provisiones (21:9). El ángel de Dios los ayudó a sobrevivir en el desierto, e Ismael se convirtió en cazador de animales salvajes. Se estableció en el desierto de Parán y se casó con una mujer egipcia (21:20-21). Ayudó en el entierro de Abraham, dio a su hija Mahalat en matrimonio a Esaú, y murió a los 137 años (25:9-10, 17; 28:9). Se menciona a sus doce hijos en Génesis 25:13-15.

Pablo hace alusión a Ismael cuando exhorta a los gálatas a poner su fe en Dios más que en la ley (ver Gálatas 4:21-31). Así como el hijo de la mujer esclava no heredó con el hijo de la mujer libre, quienes confían en la ley no heredarán el reino (Gálatas 4:30).

Pasajes para estudio adicional

Génesis 16:11-16; Génesis 17:18-26; 21:8-21; 25:9-18; 28:9; Gálatas 4:21-31

Sara

Sara fue la esposa y media hermana de Abraham (Génesis 11:29; 20:12). Acompañó a Abraham de Ur a Harán, hasta Canaán (11:31; 12:5). En dos ocasiones, en Egipto y Gerar, Abraham le pidió a Sara que dijera que era su hermana y no su esposa porque temía que lo mataran por ser su esposo (12:10-20; 20:1-18). En ambos casos, a pesar de la falta de fe de Abraham, Dios protegió a Sara y preservó el linaje escogido a través del cual había prometido multiplicar a la nación israelita (12:2; 17:19).

Sara es una de varias mujeres en las Escrituras que fueron estériles pero, de forma milagrosa, dieron a luz un hijo (ver Génesis 30:22-24; 1 Samuel 1:9-20; 2 Reyes 4:14-17; Lucas 1:5-25). Después de una serie de promesas de Dios, Sara por fin concibió y dio a luz a Isaac. Su nombre, Sarai, cambió a Sara en una de las ocasiones en que se prometió el nacimiento de Isaac (17:15-16). Ya que Sara tenía noventa años cuando nació Isaac, dio testimonio de que Dios es capaz de hacer lo que es imposible en lo humano (ver Génesis 17:17; 21:1-5). Aunque se rio de la predicción del nacimiento de Isaac, es honrada por su fidelidad veinticinco años después de la promesa original de Dios a Abraham (18:10-15).

Sara murió a sus 127 años y la enterraron en la cueva que Abraham compró en Macpela (Génesis 23). Se le conoce como la madre de la nación de Israel y a Abraham como el padre (Isaías 51:2). Ella es un personaje clave de los relatos de la fe de Abraham (ver Romanos 4:19). Representa la libertad que los cristianos tienen (como hijos de Sara, la mujer libre) por medio de la fe en Cristo (ver Gálatas 4:21-31). Pedro la cita como ejemplo de sumisión santa (1 Pedro 3:5-6). El escritor de Hebreos la presenta como ejemplo de fe, pues creyó que Dios era capaz de cumplir sus promesas (Hebreos 11:11-12). Su vida prueba que, aunque los tiempos de Dios no se ajusten a nuestras expectativas, él es fiel en verdad.

Pasajes para estudio adicional

Génesis 11:29-31; 12:10-20; Génesis 17:15-22; 18:9-15; 20:1-18; 21:1-13; 23:1-20; Isaías 51:2; Romanos 4:19; 9:6-9; Gálatas 4:21-31; Hebreos 11:11-12; 1 Pedro 3:6

Lot

Lot fue el sobrino de Abraham y antepasado de los moabitas y amonitas. Al igual que Abraham, Lot nació en Ur y acompañó a Taré a Harán (Génesis 11:27-32). Después de la muerte de Taré, Lot se unió a Abraham en su viaje a Canaán y Egipto.

Cuando volvieron de Egipto a Canaán, sus rebaños y manadas crecieron tanto que era difícil vivir juntos, así que Abraham dejó que Lot escogiera la tierra donde se establecería. Lot escogió la llanura fértil del Jordán, la cual era como «el jardín del SEÑOR», y con el tiempo se fue a vivir a Sodoma (Génesis 13:10). La interacción cada vez mayor que Lot tuvo con las ciudades del todo corruptas de la llanura lo puso en peligro.

Mientras Lot vivía en Sodoma, cuatro reyes mesopotámicos derrotaron a los reyes de las cinco ciudades del área. Como parte del saqueo que hicieron, se llevaron a Lot, a su familia y a sus posesiones (Génesis 14:1-12). Cuando la noticia llegó a Abraham, él desplegó un ataque defensivo contra los invasores y recuperó a los prisioneros y sus pertenencias (14:13-16).

Dada la maldad de Sodoma y de Gomorra, la ciudad vecina, Dios decidió destruirlas. Envió a dos visitantes angelicales a Lot en Sodoma para pedirle que abandonara la ciudad condenada (Génesis 19:1-15). La depravación de la ciudad se hizo más evidente en un intento de ataque homosexual a los visitantes. La disposición que Lot tuvo de sacrificar a sus hijas, junto con su renuencia a dejar Sodoma, deja ver cuán corrupto e involucrado estaba. Aparte de su familia inmediata, nadie lo acompañó, y su esposa fue destruida cuando miró atrás en desobediencia.

Poco después, las hijas de Lot, desesperadas al no tener esposos, emborracharon a Lot para que tuviera relaciones sexuales con ellas. Sus dos hijos, Moab y Ben-ammi, fueron antepasados de los moabitas y amonitas, dos naciones enemigas de Israel (Génesis 19:30-38; ver Deuteronomio 23:3-6). A pesar de la rebeldía de Lot, Pedro afirma que Lot fue un «hombre recto atormentado en su alma por la perversión que veía y oía a diario» (2 Pedro 2:6-9). Este análisis de Lot bien podría provenir de la tradición de interpretación judía, pues es difícil verlo en el relato de Génesis.

Pasajes para estudio adicional

Génesis 11:27, 31; 12:4-5; 13:1-14; 14:12-16; 19:1-38; Deuteronomio 2:9, 17-19; Salmo 83:4-8; Lucas 17:28-33; 2 Pedro 2:6-9

Isaac

El nombre Isaac significa «él se ríe», lo que refleja las circunstancias de su nacimiento. Cuando Dios prometió que Isaac nacería, tanto Abraham como Sara se rieron con incredulidad al inicio (Génesis 17:15-19; 18:9-15). Dios le había prometido un hijo a Abraham, pero ninguno había nacido, y Abraham y Sara ya no estaban en edad de tener hijos (15:4-6). Así que se rieron con alegría cuando Isaac nació (21:6-7).

Durante la adolescencia de Isaac, Dios puso a prueba a Abraham al decirle que sacrificara a Isaac (22:1-19). La fe de Abraham se mantuvo firme. Él obedeció, e Isaac se sujetó a su padre. Dios intervino y proveyó un carnero para el sacrificio en lugar de Isaac. Dios recompensó la fe de Abraham en él al prometerle grandes bendiciones (22:15-18).

Isaac se casó con Rebeca, y estaba preparado para continuar el linaje escogido, pero Rebeca no podía tener hijos (25:21). En vez de encargarse del asunto por cuenta propia, como lo había hecho su padre, Isaac «rogó al Señor», y Rebeca dio a luz a mellizos (ver 16:1-16). Isaac prefería a Esaú, el hijo mayor, mientras que Rebeca prefería a Jacob. Por este favoritismo, Jacob engañó a Isaac cuando Isaac estaba viejo y ciego (27:1-40). El favoritismo llegó a ser un problema también entre los descendientes de Isaac (ver 29:30; 33:1-2; 37:4).

Isaac siguió el ejemplo de Abraham, su padre, al relacionarse con las naciones vecinas. Cuando visitó otro reino durante una hambruna, dijo, por temor, que su esposa era su hermana (26:1-11; ver 12:10-20; 20:1-18). Al igual que su padre, Isaac prosperó en esa tierra y le pidieron que se fuera, tuvo conflictos por agua y por territorio con otros ganaderos e hizo un tratado con el rey de los filisteos (ver 12:16-20; 21:25-31; 26:12-22, 26-31; 21:22-32).

Isaac recibió la misma promesa que su padre (ver 22:16-18), y demostró su participación al seguir con la práctica de la circuncisión, la cual era señal del pacto (26:2-5, 23-25; ver Hechos 7:8). Como hijo de la promesa, Isaac representa a todos los que son hijos de Abraham por la fe en Cristo y, por lo tanto, son libres para vivir como hijos de Dios más que como esclavos (ver Gálatas 4:21–5:1).

Pasajes para estudio adicional

Génesis 17:19-21; 21:1-12; 22:1-19; 24:1-8, 14, 62-67; 25:5-11, 19-28; 26:1–28:9; 31:42; 35:12, 27-28; 48:15-16; 49:31; Éxodo 3:6; Josué 24:3-4; Romanos 9:6-10; Gálatas 4:21-31; Hebreos 11:8-9, 17-20

Rebeca

En Génesis 24, el siervo de Abraham tiene la misión de encontrarle una esposa a Isaac. Abraham no quería que Isaac se casara con una cananea de la región, así que le ordenó ir a Harán, en Aram-naharaim (Mesopotamia noroccidental), donde vivían los parientes de Abraham. El siervo oró que la joven mujer escogida por Dios respondiera a su pedido de agua con darle de beber de inmediato y con darle agua a sus camellos también (24:12-14). Eso serviría no solo para confirmar la voluntad de Dios en el asunto, sino que demostraría el carácter, la hospitalidad y la ética de trabajo de ella.

Dios respondió su oración de forma contundente con Rebeca, hija de Betuel, hijo de Nacor, hermano de Abraham (22:23; 25:20; 24:24).

Cuando el siervo de Abraham describió cómo Dios lo había guiado, la familia de Rebeca reconoció que era la mano de Dios, pero se mostraron renuentes a dejarla partir de inmediato (24:34-56). Sin embargo, Rebeca mostró fe en el plan de Dios; estaba dispuesta a dejar a su familia de inmediato para casarse con Isaac (24:57-58). La fe de Rebeca obtuvo recompensa abundante; la bendición que su familia le dio cuando se marchaba se hizo realidad cuando dio a luz para Isaac a la siguiente generación del linaje escogido de Dios (24:59-60).

Rebeca dio a luz a mellizos, Esaú y Jacob (25:20-26). Ella prefería a Jacob, el hijo menor, quien Dios le había dicho sería mas fuerte y el líder de ambos (25:23). Rebeca lo ayudó a obtener la bendición del hijo mayor engañando a Isaac (27:1-40). Luego, hizo lo necesario para enviar a Jacob a Harán para alejarlo del enojo de su hermano (27:41–28:5). La falaz conspiración de Rebeca causó una división permanente en la familia, y parece que nunca volvió a ver a su hijo favorito. Sin embargo, la enterraron junto a Isaac en el sepulcro de la familia, y cumplió el plan de Dios como madre de Jacob, el padre fundador de Israel (49:31).

Pasajes para estudio adicional

Génesis 22:23; 24:12-67; 25:20-28; 26:7-8, 35; 27:5-17, 42-46; 29:12; 35:8; 49:31; Romanos 9:10-13

Esaú

Esaú, hijo de Isaac y Rebeca, fue el hermano mayor mellizo de Jacob, y lo llamaron así porque su cuerpo era velludo al nacer (Génesis 25:24-26). Sus descendientes fueron llamados edomitas («edom» significa «rojo») por su color rojizo al nacer, el guiso rojo de lentejas que Jacob le dio y el color rojizo de la tierra en la que se estableció (25:25, 30).

Esaú fue un cazador hábil que le llevaba sabrosa carne de animales salvajes a su padre. Isaac disfrutaba del sabor fuerte de esta carne más que de la carne suave que Jacob le proveía de los rebaños de la familia. Cierto día, Esaú regresó a casa, hambriento después de una cacería frustrada, y Jacob lo persuadió a cederle su derecho de hijo mayor a cambio de una comida (25:29-34). A Esaú no le importaba mucho su derecho de hijo mayor y se dejaba controlar por sus deseos carnales (ver Hebreos 12:16). También se casó con dos mujeres de la región que no eran descendientes de Abraham, lo cual pudo haber alimentado el favoritismo de Rebeca por Jacob y su idea de robarle a Isaac la bendición que le iba a dar a Esaú (Génesis 26:34-35; 27:1-40). Cuando Esaú descubrió el engaño de su hermano, su enojo hizo que Jacob huyera a Harán. Los hermanos se reunieron de nuevo veinte años después cuando Esaú le mostró perdón clemente (33:1-16).

Cuando Esaú nació, Jacob lo agarró del talón; este presagio se interpretó en el sentido de que los descendientes de Esaú se someterían a la descendencia de Jacob. Esa relación servil entre los edomitas y los israelitas comenzó en la época de David y continuó hasta el reinado de Yoram (2 Samuel 8:11-15; 2 Reyes 8:20-22; 1 Crónicas 18:11-13; 2 Crónicas 21:8-10). Después de una rebelión en el 845 a. C., los edomitas lograron su independencia por un breve tiempo, pero Amasías los conquistó de nuevo (796–767 a. C.). Recuperaron su libertad en el 735 a. C. y luego se mantuvieron libres de Judá.

En el Nuevo Testamento, Esaú representa al linaje de los descendientes de Abraham que no tenían el regalo de la fe y a quienes Dios rechazó como receptores de sus bendiciones prometidas (ver Romanos 9:6-24). Herodes el Grande era un edomita.

Pasajes para estudio adicional

Génesis 25:21-34; 26:34-35; 27:1-42; 28:6-9; 32:3-20; 33:1-16; 35:28-29; 36:1-43; Deuteronomio 2:1-8, 12, 22, 29; Josué 24:4; Malaquías 1:2-5; Romanos 9:6-13; Hebreos 11:20; 12:16-17

Raquel

Raquel, la hermosa hija menor de Labán, fue la esposa favorita de Jacob. La conoció al llegar a Padán-aram, en Harán, cuando la ayudó a quitar la piedra del pozo y le dio de beber a las ovejas del padre de ella (Génesis 29:10). Jacob aceptó trabajar siete años para Labán con el fin de obtener a Raquel como esposa, y se le hicieron como pocos días dado su gran amor por ella.

Labán, con engaño, lo obligó a casarse con Lea, su hija mayor y menos atractiva, antes de entregarle a Raquel. A diferencia de Lea, Raquel fue estéril en los primeros años de su matrimonio con Jacob (29:31; 30:1). Ella le dio a su sierva Bilha a Jacob para tener hijos por medio de ella, y así nacieron Dan y Neftalí (30:3-8). Con el tiempo, Raquel concibió y dio a luz a José (30:22-24) y, no mucho después, Jacob tomó a sus esposas, hijos y posesiones y se fue lejos de Harán.

En algún lugar entre Betel y Belén, Raquel murió dando a luz a Benjamín (35:16-20). Jacob levantó un pilar sobre su tumba, un punto de referencia aun en la época de Saúl (1 Samuel 10:2). Raquel y Lea son muy estimadas por haber formado la casa de Israel (Rut 4:11). En Jeremías 31:15, leemos que Raquel lloró por sus hijos cuando se los llevan a la cautividad, y Mateo recuerda las palabras de Jeremías en relación con la masacre de Herodes de los niños en los alrededores de Belén, poco tiempo después del nacimiento de Jesús (Mateo 2:16-18).

Pasajes para estudio adicional

Génesis 29:6–30:24; 31:4-19, 31-35; 33:1-7; 35:16-20; 46:19-22; 48:7; Rut 4:11; 1 Samuel 10:2; Jeremías 31:15; Mateo 2:18

Lea

Lea fue la primera hija de Labán, la primera esposa —no amada— de Jacob y la hermana mayor de Raquel.

Después de que Jacob engañó a Isaac, su padre, para que le diera la bendición que era para Esaú, Jacob fue a su tío Labán en Mesopotamia para escapar de la venganza de Esaú y encontrar una esposa (Génesis 27:1–28:5). Se enamoró de su prima Raquel, y convino con Labán que se casaría con ella después de siete años de trabajo (29:17-20). Después de la fiesta de bodas, Labán engañó a Jacob, entregándole a Lea en vez de a Raquel con la excusa de que la costumbre exigía que la hija mayor se casara primero (29:21-26). Lea era menos atractiva que su hermana y Jacob no la amaba (29:17, 30-35).

El amor que Jacob le tenía a Raquel lo motivó a trabajar otros siete años para casarse con ella. Como Jacob prefería a Raquel, el Señor bendijo a Lea con seis hijos y una hija (Rubén, Simeón, Leví, Judá, Isacar, Zabulón y Dina) antes de que Raquel pudiera concebir (29:31–30:22). En una ocasión, Raquel negoció con Lea unas mandrágoras, una planta que se creía garantizaba la concepción, a cambio de derechos conyugales. Entonces, Lea concibió y dio a luz a su quinto hijo, aumentado su ventaja en la rivalidad con Raquel (30:14-17).

Lea fue la madre de dos tribus que tuvieron un papel muy significativo en la historia israelita. La tribu de Leví fue la tribu del sacerdocio, y la tribu de Judá llegó a ser la tribu de la realeza, por medio de la cual vino la descendencia prometida en la persona de Jesucristo (Génesis 3:15; 12:2-3; 2 Samuel 7:16; Mateo 1:1).

Pasajes para estudio adicional

Génesis 29:14-35; 30:9-21; 31:4-16; 33:1-7; 34:1; 46:8-15; 49:31; Rut 4:11

José

A José se le conoce por sus sueños y por la hermosa túnica que Jacob, su padre, le regaló. Es ejemplo de fe, prudencia y capacidad administrativa. A pesar de dificultades abrumadoras, salvó a Canaán, a Egipto y a su propia familia de morir de hambre durante siete años de sequía.

José fue el undécimo hijo de Jacob y el primer hijo de Raquel, la esposa favorita de Jacob. El nombre de José significa «que él añada», y expresa el deseo de Raquel de que Dios le diera otro hijo (Génesis 30:24). Raquel murió después al nacer Benjamín, el único hermano carnal de José.

Los hermanos de José lo resentían por sus sueños. Lo vendieron a una caravana que iba de paso e hicieron que Jacob creyera que un animal lo había matado. En Egipto, José se elevó en prominencia con rapidez, pero lo encarcelaron cuando la esposa de su amo lo acusó con falsedad. En la cárcel, interpretó con exactitud los sueños de otros presos y, más adelante, lo convocaron cuando el faraón no podía entender sus propios sueños. José, con entendimiento y sabiduría, interpretó los sueños sobre una hambruna que estaba por ocurrir, y el faraón lo liberó (trece años después de que lo llevaron a Egipto como esclavo) y le designó que guiara a la nación a prepararse para la hambruna. Cuando los hermanos de José tuvieron que comprar grano en Egipto, se presentaron delante de él, pero no lo reconocieron. Más adelante, el remordimiento y la intercesión de Judá llevó a José a revelar su identidad. La familia se reconcilió y volvió a estar unida cuando Jacob fue a vivir a Egipto.

Jacob bendijo a los hijos de José, Efraín y Manasés, y los adoptó como propios, así que cada uno se consideró una tribu diferente en Israel (48:5-20). Efraín, a quien Jacob bendijo primero y le dio el derecho del hijo mayor, llegó a ser una de las tribus más poderosas de Israel y la tribu líder del reino del norte después de la división durante el reinado de Roboam (48:17-20; ver 1 Reyes 11:26–12:33). Varios profetas se refieren al reino del norte bajo los nombres de Efraín y José (p. ej., Ezequiel 37:15-19; Oseas 5:3-5; Abdías 1:18).

José tenía fe en que los israelitas volverían a la tierra que Dios les había prometido, así que su deseo final fue que enterraran sus huesos en Canaán cuando salieran de Egipto (Génesis 50:24-26; ver Éxodo 13:19; Josué 24:32). Su historia presenta la vida de un hombre de fe y carácter piadoso que cumplió el plan de Dios. Su nombre se menciona a menudo en las Escrituras, lo que muestra que los israelitas lo tenían en alta estima. Su historia se resume en los Salmos y en el discurso que Esteban dio poco antes de su martirio (Salmo 105:16-22; Hechos 7:9-14).

La vida de José confirma el control que Dios tiene del largo curso de la historia, aun cuando ocurren desgracias (Génesis 50:20). Dios manifiesta su poder soberano por medio de su amor fiel y previsor por su pueblo. José también nos sirve de modelo de una fe firme en el Dios soberano y de una integridad personal ante las adversidades.

Pasajes para estudio adicional

Génesis 30:22-24; 37:2-36; 39:1–45:28; 48:1-22; 49:22-26; 50:1-26; Éxodo 13:19; Deuteronomio 33:13-17; Josué 24:32; Salmo 105:16-22; Hechos 7:9-14

Judá

A Judá se le recuerda con mayor frecuencia como el antepasado del rey David y de Jesucristo. A pesar de su nacimiento como hijo del medio y de sus pecados como adulto, Dios lo escogió para que engendrara al linaje del rey David y del Mesías (Génesis 38; 49:8-12; 1 Crónicas 2:1-17; 3:1-24; Mateo 1:1-16; Lucas 3:23-34).

Judá fue el cuarto de los doce hijos de Jacob (Génesis 35:23; 1 Crónicas 2:1). Lea, llena de alegría por haber dado a luz a su cuarto hijo, lo llamó Judá, que significa «alabanza» (Génesis 29:35). Judá procreó a cinco hijos: Er, Onán y Sela, con Bet-súa, una mujer cananea; y a los gemelos, Fares y Zera, con su nuera Tamar (Génesis 38:1-5, 27-30; 1 Crónicas 2:3-4). Dios mató a sus primeros dos hijos, Er y Onán, en Canaán por su desobediencia (Génesis 46:12). Con el tiempo, junto con su familia, padre y hermanos, Judá se estableció en Egipto (Éxodo 1:1-2).

Aunque fue imprudente en su conducta con Tamar, Judá se hizo responsable de la seguridad de Benjamín en Egipto e intercedió ante José por sus hermanos (Génesis 38:6-30; 44:14-34). Cuando Jacob dio su bendición al morir, le otorgó a Judá una posición de liderazgo; los futuros reyes de Israel vendrían de la descendencia de Judá (ver 49:10).

Pasajes para estudio adicional

Génesis 29:35; 37:26-27; 38:1-30; 43:1-10; 44:14-34; 46:28; 49:8-12; Rut 4:12; 1 Crónicas 2:3-4; 5:2; Salmo 108:8

Abraham

«Por la fe [...] obedeció cuando Dios lo llamó para que dejara su tierra y fuera a otra. [...] Se fue sin saber adónde iba. [...] Por la fe [...] ofreció a Isaac en sacrificio cuando Dios lo puso a prueba» (Hebreos 11:8, 17). Esto ilustra la obediencia fiel por la que se conoce mejor a Abraham.

Dios llamó a Abram de la ciudad de Ur para que llegara a ser el patriarca del pueblo de Dios. Sus vínculos familiares se mencionan en Génesis 11:26-32. Su padre, Taré, dejó Ur con Abram, con Sarai —la esposa de Abram— y con Lot, cuyo padre, Harán, había muerto. De camino a Canaán, Taré se estableció en Harán (11:31). Pero en Ur, Dios había llamado a Abram a que fuera a una nueva tierra (Génesis 12:1; Hechos 7:2-4). Dios lo bendijo al hacer un pacto con él, el cual incluía promesas de gran bendición, numerosos descendientes y una nueva tierra (12:1-3). Más adelante, estas promesas salvaron a los israelitas de la destrucción una y otra vez (ver Levítico 26:40-45).

Abram dejó Harán a sus setenta y cinco años. Dios se le apareció cerca del roble de More, de seguro un santuario cananeo. Abram construyó altares allí y cerca de Betel, y proclamó al único Dios verdadero en esos centros de adoración falsa (Génesis 12:6-8). Más adelante, se trasladó a Hebrón, cerca del robledo de Mamre, y construyó allí también un altar para adorar a Dios (13:18).

Cuando Dios le prometió de nuevo bendiciones en una visión, Abram exclamó que no tenía hijos, pues Sarai era estéril, y que Eliezer de Damasco era su heredero (11:30; 15:1-2). Según costumbres hurritas, una pareja adinerada sin hijos podía adoptar a un heredero, a menudo un esclavo, quien tendría la responsabilidad de enterrarlos y hacer duelo si no nacía un hijo natural. Pero Dios prometió que un hijo propio de Abram sería su heredero (15:4).

Abram se caracterizó por creer en el Señor, y el Señor lo consideró justo por su fe (Génesis 15:6; ver Romanos 4:3; Gálatas 3:6; Santiago 2:23). Él no estuvo libre de pecado: en varias ocasiones, no pudo hacer lo correcto; dos veces mintió acerca de Sarai; tuvo un hijo, Ismael, con Agar en vez de esperar que Dios actuara (Génesis 16:1-5). Pero siempre volvió a la fe, el principio fundamental de su vida delante de Dios.

Cuando Abram tenía noventa y nueve años, el Señor se le apareció y le reafirmó la promesa de darle un hijo y bendecirlo, Abraham se rio, y Dios los renombró Abraham y Sara (Génesis 17). Poco después, el Señor se le apareció a Abraham y le anunció otra vez al hijo prometido (18:1-15). Esta vez, Sara se sorprendió y se rio con incredulidad (18:10-15). Cuando Abraham tenía cien años, y ella noventa, el Señor hizo «exactamente lo que había prometido»: Isaac («¡él se ríe!») nació (21:1).

La prueba suprema de la fe de Abraham fue cuando Dios le mandó que sacrificara a Isaac (22:1-19). Abraham obedeció, confiando en que Dios no frustraría sus propios propósitos (ver Hebreos 11:17-19). Cuando Abraham iba a dejar caer el cuchillo, el ángel de Dios lo detuvo y le proveyó un carnero como sacrificio. La fe de Abraham estaba completa (22:10-13).

Los cristianos entienden el sacrificio de Isaac como una figura previa de cuando Dios proveyó a su único hijo, Jesucristo, como sacrificio por los pecados del mundo. Dios cumplió su pacto con Abraham por medio de Jesucristo, por quien la bendición de la salvación se extiende a todos los que tienen fe, y eso hace que los creyentes sean descendientes espirituales de Abraham (Romanos 4:16-17; Gálatas 3:29). Abraham fue llamado amigo de Dios, y como un gran «testigo» de una vida de fe, él muestra que Dios es fiel y digno de fe y obediencia, inspirando a los creyentes a perseverar en la fe (2 Crónicas 20:7; Hebreos 11; 12:1; Santiago 2:23).

Pasajes para estudio adicional

Génesis 11:26–25:11; 26:2-5; Éxodo 3:15-16; 6:3; 32:13; Josué 24:2-3; 1 Crónicas 1:27-34; 2 Crónicas 20:7; Isaías 29:22; 41:8; 51:1-2; Ezequiel 33:24; Mateo 1:1-2; 3:9; 8:11; 22:31-33; Lucas 16:19-31; Juan 8:31-58; Hechos 7:2-8; Romanos 4:1-23; 9:5-9; 11:16-17; Gálatas 3:6-29; Hebreos 6:13-15; 11:8-12, 17-19; Santiago 2:21-23

Jacob

Jacob, el mellizo menor de Isaac y Rebeca, luchó con Esaú, su hermano, en el vientre, y nació agarrado de su talón (Génesis 25:21-26). Dios le dijo a Rebeca que los niños representaban a dos naciones y que el mayor serviría al menor (25:23). Isaac prefería a Esaú, el cazador. Rebeca prefería a Jacob, feliz en el hogar.

En una ocasión, Esaú volvió hambriento de cazar, y Jacob le compró su derecho de hijo mayor con un guiso rojo (Génesis 25:27-34; ver Hebreos 12:16). Un tiempo después, Isaac le pidió a Esaú que preparara algo de la caza para que Isaac comiera y lo bendijera (Génesis 27:1-4; ver 25:28). Pero Rebeca envió a Jacob a engañar a Isaac y recibir la bendición en su lugar, y su estrategia fue exitosa (27:5-29). Pronto se descubrió la treta, pero, legalmente, las bendiciones válidas eran promesas irrevocables (27:30-35). Isaac le dio a Esaú una bendición menor, Esaú se propuso matar a Jacob, y Rebeca convenció a Isaac para que enviara a Jacob con Labán, hermano de Rebeca (27:36-46).

Isaac le transfirió las promesas del pacto a Jacob y lo envió a Harán (28:1-5). De camino, Dios se le apareció a Jacob en un sueño y le confirmó las promesas que les había dado a Abraham y a Isaac (28:10-15). Jacob adoró al Señor y nombró al lugar Betel («casa de Dios»).

En Harán, Jacob comenzó a servir a su tío (Génesis 29–31). Jacob amaba a Raquel, hija de Labán, y trabajó siete años para casarse con ella, pero Labán lo engañó, dándole a Lea, su hija mayor, la noche de bodas. Jacob trabajó siete años más por Raquel y otros seis para obtener rebaños propios (30:25-43; ver 31:38-42). Tuvo doce hijos y una hija, y prosperó.

Después de veinte años, Dios le dijo que volviera a Canaán (31:3). Temiendo represalias, Jacob organizó su caravana y se fue cuando Labán no estaba (31:1-2, 4-21). Labán lo persiguió, pero Dios impidió que le hiciera daño (31:22-24, 29). Labán sí le recriminó que se hubiera ido en secreto y que le hubiera robado sus ídolos, y Jacob permitió que registrara sus tiendas, pero no encontraron los ídolos, y Jacob se enojó (31:25-30, 33-42). Aunque el conflicto entre ellos quedó irresuelto, hicieron un pacto de paz (31:43-54).

Esaú iba a encontrarse con Jacob con cuatrocientos hombres. Jacob buscó la protección de Dios y envió obsequios para apaciguar a Esaú (32:3-21). Mientras tanto, de noche, en un acontecimiento que fue símbolo de toda su vida, Jacob peleó con un hombre que le dislocó la cadera y le dio la bendición que buscaba (32:22-32). Dios también le cambió el nombre a Israel («Dios pelea»).

En la mañana, Jacob se encontró con Esaú y se reconciliaron (33:1-11). Esaú fue misericordioso, y Jacob compartió con él parte de su bendición. Esaú volvió a Seir y Jacob fue hacia Canaán. En Siquem, compró tierra y edificó un altar. Luego fue a Betel y expulsó todos los ídolos extranjeros de su casa (33:18-20; 35:1-8). Dios reafirmó su nombre nuevo, Israel, y renovó sus promesas de tierra y descendientes (35:9-15).

El favoritismo entre Raquel y Jacob se extendió hacia José, hijo de Jacob (37:1-3). Sus hermanos se llenaron de celos y odio, y los sueños de José empeoraron el asunto (37:4-11). Lo vendieron como esclavo, y Jacob creyó a José muerto por más de veinte años (37:12-28). No supo que estaba vivo hasta que Jacob dejó que Benjamín fuera a Egipto bajo el cuidado de Judá, y Jacob fue la fuente de alivio para su familia durante la hambruna (43:1-14; 45:24-28). El espíritu de Jacob se reanimó, él se fue a Egipto y se reencontró con mucha alegría con su hijo favorito en Gosén, donde prosperó por diecisiete años (46:28-30).

Cuando Jacob estaba por morir a los 147 años, hizo que José le jurara que sería enterrado en Canaán (47:29-31; 49:29-32). Les dio a los hijos de José su principal bendición, poniendo a Efraín, el menor, como el primero. Les aseguró que volverían a Canaán, bendijo a cada hijo y profetizó el futuro de sus descendientes (48:1-22; 49:1-28). Su muerte señaló el fin de la era patriarcal y el comienzo del crecimiento de Israel como nación en Egipto hasta volver a la Tierra Prometida (ver Éxodo—Josué).

«Jacob» es sinónimo de la nación de Israel (ver Números 23:7, 21; 24:5; Oseas 12:2). Dios la llamó a servirle como sus antepasados (Oseas 12:3-14). Le prometió el mismo amor que le había mostrado a Jacob (Malaquías 1:2). Y prometió que saldría un gobernante conquistador de entre los descendientes de Jacob (Génesis 49:8-12; Números 24:17-19).

Pasajes para estudio adicional

Génesis 25:19-34; 27:1–35:29; 37:1-35; 42:1-4, 29-38; 43:1-13; 45:25–50:14; Éxodo 1:1-5; Números 23:7-10, 20-23; 24:5-9, 17-19; Deuteronomio 26:5; Josué 24:4, 32; Oseas 12:2-14; Malaquías 1:2; Juan 4:5-6, 12; Hechos 7:8-16; Romanos 9:10-13; Hebreos 11:8-9, 20-21

Aarón

Aarón, hermano mayor de Moisés, jugó un papel importante en la fundación de Israel y de sus instituciones, en particular del sacerdocio (ver Éxodo 6:20; 7:7). Aparece por primera vez después del llamado de Moisés en la zarza ardiente (Éxodo 3:1–4:17). Moisés estaba renuente en aceptar su comisión divina, afirmando que sus palabras se le «enreda[ba]n» (Éxodo 4:10). Dios le dio palabras de confianza, pero Moisés continuó oponiéndose hasta que Dios nombró a Aarón como vocero de Moisés. Aarón permaneció al lado de Moisés, les habló a los líderes israelitas y le exigió al faraón que dejara que los israelitas dejaran Egipto (Éxodo 5:1-5).

Durante la peregrinación israelita en el desierto, Dios nombró a Aarón y a sus hijos como sacerdotes (Éxodo 28:1-5; 29:1-46; Levítico 8:1-36). Aarón llegó a ser así el primer sumo sacerdote de Israel. Su función como sumo sacerdote era importante en especial en el Día del Perdón anual, el único día en el cual el sumo sacerdote entraba al Lugar Santísimo para purificarlo de los efectos del pecado de Israel (Levítico 16). Sin embargo, antes de que pudiera hacerlo, tenía que ofrecer un sacrificio para el perdón de sus propios pecados.

Aarón fue un líder imperfecto. Mientras Moisés estaba recibiendo la ley de Dios en el monte Sinaí, Aarón ayudó al pueblo a hacer un ídolo (Éxodo 32). Cuando Moisés regresó, Aarón ofreció excusas débiles y culpó al pueblo. Esto tuvo como resultado tanto la muerte de tres mil israelitas como una plaga.

En una ocasión, Aarón y Miriam, su hermana, desafiaron la autoridad de Moisés por error, y Miriam sufrió de lepra por un tiempo (Números 12). Más adelante, cuando otros levitas desafiaron la autoridad de Aarón, Dios confirmó la función de Aarón haciendo que su vara retoñara con brotes de almendras (Números 17). Sin embargo, puesto que Moisés y Aarón desafiaron la autoridad de Dios, ambos murieron en el desierto sin entrar a la Tierra Prometida (Números 20:1-13, 22-29).

Jesús ha llegado a ser el gran Sumo Sacerdote, y ha sobrepasado por mucho la autoridad y efectividad sacerdotal de Aarón (ver Hebreos 7–10).

Pasajes para estudio adicional

Éxodo 4:14-17, 27-31; 6:20-27; 7:1-2; 28:1-5; 32:1-25; Números 12:1-12; 20:1-13, 22-29; Hechos 7:39-41

Faraón

«Faraón» es una palabra egipcia que significa «casa grande». Se refiere al palacio real y también se usa como título del rey de Egipto. Durante la época de José, los israelitas tuvieron el favor del faraón. José había interpretado sus sueños, y se convirtió en el segundo al mando en Egipto (Génesis 41:1-44). El faraón le dio a la familia de José la mejor tierra de Egipto, y los israelitas se multiplicaron y prosperaron en Egipto (Génesis 45:16-20).

Aparecen dos faraones en el libro de Éxodo, ninguno de los cuales tuvo la misma consideración por el pueblo hebreo (ver Éxodo 1:8-10). El primero era rey cuando Moisés nació. Por miedo, ordenó el asesinato de todos los bebés varones hebreos. Moisés no solo escapó de la muerte, sino que fue criado por la hija del faraón en el palacio. Ese faraón murió después de que Moisés huyó de Egipto (Éxodo 2:23).

Un nuevo faraón tomó el poder; a él fue a quien Moisés y Aarón confrontaron más adelante. Ese faraón estaba decidido a impedir que los israelitas dejaran Egipto; mantuvo su obstinación aun cuando tuvo que enfrentar el poder de Dios. La Biblia describe su falta de voluntad y dureza de corazón para cambiar (ver Éxodo 8:32; 9:12, 34-35; ver Romanos 1:18-32).

Como rey, el faraón representaba el gobierno de los dioses sobre Egipto, y esto le daba autoridad absoluta. Las plagas fueron ataques de Dios contra los dioses falsos de Egipto (ver Éxodo 12:12). La última plaga, la muerte de los primeros hijos varones, fue un ataque contra la casa del faraón. Este clímax convenció al faraón a que dejara que Israel se fuera, pero cuando los israelitas se fueron, el faraón cambió de opinión. Los persiguió y arrinconó en el mar Rojo. El rescate de los israelitas indefensos, y la destrucción de los poderosos egipcios, se encuentra entre los rescates más dramáticos que se relatan en el Antiguo Testamento. El Señor se dio a conocer en el mar Rojo como un guerrero que peleaba por su pueblo (15:3).

Ninguno de los faraones de Éxodo se menciona por nombre, de seguro según la práctica egipcia. Sin embargo, si el Éxodo tuvo lugar alrededor del 1400 a. C., el faraón del éxodo pudo haber sido Tutmosis III (c. 1504–1450 a. C.). Si el éxodo ocurrió en los años 1200 a. C. (basado en una cronología alterna), ese faraón pudo haber sido Ramsés II (c. 1279–1213 a. C.).

Pasajes para estudio adicional

Éxodo 1:8-22; 2:14-15, 23; 5:1–15:21

Moisés

Moisés fundó a Israel como nación. Dios lo usó en un momento crítico. Fue el profeta que recibió la ley y el mediador del pacto de Dios con Israel en el monte Sinaí (Éxodo 19:3-6). También fue el primer escritor conocido de las Escrituras.

Nació en Egipto en circunstancias peligrosas (Éxodo 1:15–2:2). El faraón, temiendo una rebelión, había decretado que mataran a todos los niños hebreos al nacer. Jocabed, madre de Moisés, le confió a su pequeño a Dios y lo puso a flotar en el Nilo en una canasta de juncos. La hija del faraón lo encontró y lo llevó al palacio para criarlo como su propio hijo (Éxodo 2:3-10).

Poco se sabe de la formación de Moisés. La tradición judía dice que recibió entrenamiento administrativo y militar en la casa del faraón. A sus cuarenta años, Moisés mató a un egipcio para rescatar a un esclavo hebreo, y huyó a Madián (2:11-15; ver Hechos 7:23-29). Allí ayudó a unas jóvenes siendo hostigadas, y el padre de ellas, Jetro, lo invitó a su hogar. Moisés se casó con Séfora, una de las jóvenes, y tuvo una familia mientras cuidaba de los rebaños de su suegro.

Unos cuarenta años después, Dios se manifestó a Moisés en una zarza ardiente en el monte Sinaí y lo comisionó a volver a Egipto para rescatar al pueblo de la esclavitud (Éxodo 3:1–4:17). Moisés tuvo dudas y temió que los israelitas no lo aceptarían como líder. Dios le dio a conocer a Moisés su nombre del pacto, Yahveh, y designó a Aarón, su hermano mayor, como portavoz de Moisés. Juntos fueron a Egipto y confrontaron al faraón, quien en su terquedad se resistió a liberar a los esclavos. Moisés anunció una serie de plagas, las cuales convencieron al faraón de dejarlos ir. Pero cambió de parecer y los persiguió hasta las orillas del mar Rojo. Al dividir las aguas, Dios los ayudó a cruzar a salvo, y el ejército egipcio que iba detrás de ellos quedó destruido cuando las aguas se les cerraron encima.

Moisés llevó a Israel al monte Sinaí, y Dios se le manifestó a Moisés de nuevo. Le dio la ley (incluyendo los diez mandamientos) e indicaciones para construir el tabernáculo (Éxodo 20:1–23:19). Pero cuando Moisés bajó, el pueblo había abandonado a Dios y adoraba a un becerro de oro (Éxodo 32). Moisés tiró y rompió las tablas de la ley y les pidió a los levitas que ejecutaran a algunos de los ofensores. Después de orar por el pueblo, recibió una nueva copia de la ley, y él guio al pueblo en la construcción del tabernáculo.

Moisés condujo a un pueblo quejumbroso, rebelde y desconfiado a través del desierto. Sus propios hermanos desafiaron su liderazgo, usando su matrimonio con una cusita como excusa (Números 12). Moisés respondió con gran humildad, y Dios confirmó que era su vocero y confidente. Pero aunque fue un gran hombre, no fue perfecto. Cuando el pueblo agotó su paciencia con sus quejas por la falta de agua, Moisés no siguió las instrucciones de Dios y golpeó una roca en vez de hablarle (Números 20:1-13). Esto no demostró la santidad de Dios y, más bien, dio a entender que él había sacado el agua por su propio poder (Números 20:10; ver Salmo 106:32-33). Así que Dios no le permitió entrar a la Tierra Prometida.

Antes de morir, Moisés dio un último sermón (el libro de Deuteronomio). Como la generación de israelitas que había salido de Egipto había muerto, Moisés le dio su discurso a una nueva generación. Renovó el pacto con ella, recordándole las condiciones y motivándola a obedecer y a servir solo al Señor. Y «Nunca más hubo en Israel otro profeta como Moisés, a quien el SEÑOR conocía cara a cara» (Deuteronomio 34:10). Solo Jesús superó a Moisés como mediador entre Dios y los seres humanos (Hechos 3:17-26; Hebreos 3).

Se menciona a Moisés en el Nuevo Testamento más que a cualquier otro personaje del Antiguo Testamento, y aparece en la transfiguración de Jesús. Se enfatiza su papel como dador de la ley, y de sus experiencias se toman lecciones para mostrar patrones de vida bajo el nuevo pacto. Como Moisés, Jesús fue salvado de niño de las malas intenciones de un déspota humano (Mateo 2:13-18). La nueva ley que Jesús proclamó en su Sermón del Monte es paralela a la ley entregada en Sinaí, y esto presenta a Jesús como el intérprete autorizado de la voluntad de Dios (Mateo 5–7). La carta a los Hebreos compara a Cristo con Moisés, y la carta de Pablo a los Gálatas y el Evangelio de Juan contrastan la ley de Moisés con la nueva relación del creyente con Dios (ver Juan 1:17; Gálatas 3:1-5; Hebreos 3:5-6; 9:11–10:18).

Pasajes para estudio adicional

Éxodo 2:1-22; 3:1–19:25; 20:19-21; 24:1-18; 31:18; 32:1–34:35; 39:42-43; 40:16; Levítico 8:1-36; 10:1-20; 24:10-23; Números 7:1-11, 89; 9:1-14; 10:29–14:45; 15:32-36; 16:1–17:13; 20:1-29; 21:4-9; 25:1-5; 27:1-23; 31:1–32:33; 33:1-2; Deuteronomio 1:1-5; 31:1–34:12; 1 Crónicas 23:13-17; Salmo 77:20; 90:1-17; 103:7; 105:26-27; 106:32-33; Marcos 9:2-13; Hechos 7:17-44; 1 Corintios 10:1-14; 2 Corintios 3:7-18; Gálatas 3:19; Hebreos 3:1-19; 8:5; 9:19-22; 11:23-28; 12:18-29

Balaam

Balaam era un adivino, una persona que leía señales y presagios para determinar el futuro y hacía rituales para cambiar acontecimientos futuros (ver Josué 13:22). Era un adivino a sueldo, por lo que cuando Balac, rey de Moab, quiso contratarlo para maldecir a Israel, él estaba ansioso por comenzar. Incluso cuando Dios le dijo que no fuera, esperaba que Dios cambiara de parecer porque estaba muy interesado en el dinero (2 Pedro 2:15).

Dios le permitió ir, pero solo si Balaam accedía a decir lo que Dios le dijo que dijera, y solo para frustrar los propósitos de Balac (Deuteronomio 23:4-5). De camino, la burra de Balaam se detuvo y se rehusó a moverse porque el ángel del Señor le obstaculizaba el camino. Ella podía verlo, pero Balaam estaba enceguecido y era insensato. Aun así, Balaam fue lo suficientemente inteligente como para no maldecir a los israelitas cuando Dios le dijo que los bendijera. Para gran frustración de Balac, eso fue todo lo que Balaam pudo hacer.

Hace poco se descubrió una inscripción que menciona a Balaam, hijo de Beor, un adivino que tenía visiones en la noche (ver Números 22:9-12, 20). La inscripción estaba escrita en una pared de yeso en Deir Alla, a trece kilómetros al oriente del río Jordán, no lejos al norte de donde los hebreos acamparon en la época del incidente de Balaam. Este texto no bíblico, con fecha del 800–750 a. C., identifica a Balaam como un «vidente de los dioses» y reporta que los dioses, cuyos nombres en la inscripción son similares a *Shaddai* («Todopoderoso»; ver Números 24:4, 16), le dieron un mensaje a Balaam y anunciaron juicio para el mundo (ver Números 24:15-25). La inscripción provee evidencia extrabíblica excepcional acerca de un personaje bíblico.

Mientras que el carácter y las motivaciones de Balaam parecen un poco ambivalentes en Números 22–24, el capítulo 25 describe cómo los hombres de Israel pecaron al acostarse con mujeres moabitas y al adorar a sus dioses, por lo cual Dios se enojó con su pueblo. Balaam no se menciona, pero aparece en Números 31:16 como quien originó la trama. Cuando se acabaron sus visiones, parece ser que Balaam se quedó en Moab y siguió buscando oportunidad hasta encontrar cómo dañar a Israel y obtener el dinero. Los israelitas lo mataron poco después (Números 31:8). Se le llegó a conocer como un mago con malas intenciones, como un falso maestro que solo se interesaba en el pago, y como alguien que llevó a Israel a la idolatría y a la inmoralidad (ver Números 31:16; Deuteronomio 23:4-5; Josué 13:22; Nehemías 13:2; 2 Pedro 2:15; Judas 1:11; Apocalipsis 2:14).

Pasajes para estudio adicional

Números 22:1–25:18; 31:8, 16; Josué 13:22; 2 Pedro 2:15-16; Judas 1:11; Apocalipsis 2:14

Josué

Josué fue asistente de Moisés y su sucesor. Él llevó a la joven nación al otro lado del río Jordán, a la Tierra Prometida de Canaán, siguiendo el liderazgo de Dios.

Antes de que Israel llegara al monte Sinaí, Josué dirigió a sus guerreros cuando Amalec los atacó (Éxodo 17:8-13). Poco después, estuvo entre los doce que Moisés envió a explorar la Tierra Prometida (Números 13:1-16). Solo Josué y Caleb instaron a Israel a ocupar Canaán de inmediato y, como resultado, solo ellos entraron a Canaán de entre los espías (Números 13:22–14:9).

Dios guio a Moisés a nombrar a Josué como su sucesor (Números 27:15-23; Deuteronomio 34:9). Cuando Moisés murió, Josué llevó a Israel al otro lado del río Jordán para conquistar Jericó (Josué 1:1-18; 3:1–4:24; 6:1-27). Israel sufrió una derrota en Hai, Josué acudió al Señor, siguió sus instrucciones para purificar a Israel del pecado, e Israel conquistó a Hai (7:1-26; 8:1-29). Josué siguió las instrucciones que Dios le dio a Moisés, construyó un altar en el monte Ebal y leyó las bendiciones y maldiciones del pacto (Deuteronomio 11:29-32; 27:1–28:68; Josué 8:30-35). Josué condujo campañas victoriosas en contra de dos coaliciones de reyes cananeos, abriendo la zona montañosa para que los Israelitas se establecieran (10:1-43; 11:1-15).

Después de supervisar la asignación de territorios a las tribus de Israel, Josué recibió su porción en la tierra de Efraín (19:49-50). Estableció las ciudades de refugio y las ciudades levíticas, y les dio a las dos tribus y media, establecidas al oriente del río Jordán, la libertad de volver a casa (20:1-9; 21:1-45; 22:1-9). Cuando envejeció, le encargó a Israel permanecer fiel a Dios (23:1–24:28). Su mensaje de despedida en Siquem resumió los tratos de Dios con Israel y concluyó: «Elige hoy mismo a quién servirás. [...] Pero en cuanto a mí y a mi familia, nosotros serviremos al Señor» (24:15). Josué murió a los 110 años y lo enterraron en Timnat-sera (24:29-30; Jueces 2:8-9).

Josué demostró una fidelidad excepcional durante toda su vida, excepto al tratar con los gabaonitas, cuando no consultó al Señor (Josué 9:1-27). Israel sirvió a Dios fielmente bajo Josué y los ancianos que Josué entrenó (Josué 24:31; Jueces 2:7). Esteban menciona a Josué en su sermón como mártir (Hechos 7:45), y el escritor de Hebreos usa la conquista de Jericó como ilustración de la fe (Hebreos 11:30). Es apropiado que los nombres Josué y Jesús sean el mismo nombre en hebreo: Josué llevó a Israel hacia la salvación física en Canaán; Jesús lleva a aquellos que creen en él a la salvación eterna.

Pasajes para estudio adicional

Éxodo 17:8-15; Números 13:1–14:38; 27:15-23; 34:17; Deuteronomio 34:9; Josué 1:1-18; 4:1–24:33; Jueces 2:6-9; Hebreos 11:30

Rahab

Rahab, una prostituta y mujer de fe, sigue siendo un enigma siglos después de su breve aparición en la historia de Israel. Ya que puso su fe en el Dios de Israel y ayudó a los dos exploradores israelitas que llegaron a su casa, se le perdonó la vida cuando Israel capturó a Jericó.

La casa de Rahab estaba en la muralla de la ciudad, así que los exploradores de Josué fueron allí cuando entraron a Jericó. Rahab pudo haber sido hostelera al igual que prostituta; otros documentos de la era del Antiguo Testamento registran a mujeres hosteleras que también eran prostitutas. Si la casa de Rahab era un hostal, hubiera sido un destino razonable; los exploradores de Josué podían esperar que no atraerían atención indeseada.

El arreglo que Rahab hizo con los exploradores fue una declaración emotiva de fe en Yahveh, el Dios de Israel (Josué 2:8-21). Como mujer cananea, Rahab habría practicado el culto de la fertilidad de Baal, dios de la tormenta y de la lluvia que da vida, y de su consorte Asera, diosa madre de la tierra. Aun así, basándose en los reportes del progreso de Israel hacia su tierra, Rahab reconoció que Yahveh, el Dios de Israel, es «el Dios supremo arriba, en los cielos, y abajo, en la tierra» (2:11).

Después de la conquista de Jericó, Rahab se casó con Salmón de la tribu de Judá y dio a luz a un hijo, Booz (Rut 4:21; Mateo 1:5). Así, Rahab fue la suegra de Rut, otra mujer extranjera adoptada en Israel. También fue la tatarabuela del rey David. Es nombrada con Moisés, David, Sansón y Samuel como ejemplo de fe demostrada con buenas obras (Hebreos 11:31; Santiago 2:25). Es una de las cinco mujeres (entre ellas María) que se mencionan en la genealogía de Jesús en Mateo, en el árbol genealógico del Hijo de Dios (Mateo 1:5). Rahab da un testimonio especialmente conmovedor del impresionante alcance de la gracia de Dios.

Pasajes para estudio adicional

Josué 2:1-21; 6:17, 22-25; Mateo 1:5; Hebreos 11:31; Santiago 2:25

Caleb

Caleb, hijo de Jefone, el cenezeo, es un ejemplo inspirador de la fe en Dios (Josué 14:6; Números 32:12). Los cenezeos vivían en el Neguev, la región desértica del sur de Canaán (ver Génesis 15:18-21). Al parecer, Jefone, se casó con alguien de la tribu de Judá una generación antes de que Israel saliera de Egipto.

Caleb aparece por primera vez como uno de los doce espías que Moisés envió a explorar la tierra de Canaán. Al regresar, los doce confirmaron la magnificencia de la tierra, pero diez se enfocaron en los habitantes aterradores (Números 13:31-33). Solo Josué y Caleb creyeron que Dios le posibilitaría a Israel la conquista de los cananeos, y aconsejaron que tomaran la tierra de inmediato (14:6-9; 13:30). Aunque el pueblo quiso apedrear tanto a Caleb como a Josué, Dios los protegió y castigó al pueblo (14:10-38). Por último, Dios recompensó a Caleb y a Josué por su fidelidad: entre todos los adultos que salieron de Egipto, ellos fueron los únicos que entraron a la Tierra Prometida.

Después de muchos años y muchas batallas en el desierto, Caleb recibió su herencia personal en la tierra (Josué 14:6-15). La fe de Caleb no disminuyó en los cuarenta y cinco años que transcurrieron. Su testimonio revela su carácter y fe robusta en Dios. Aunque Caleb tenía ochenta y cinco años, todavía era fuerte y capaz de pelear. Caleb adquirió Hebrón, que llegaría a ser su tierra, sacando a los anaceos gigantes que habían aterrorizado a los primeros exploradores (Josué 15:13-14; ver Números 13:28, 33). La ciudad de Hebrón de Caleb, ubicada unos cuarenta kilómetros al sur de Jerusalén (no lejos del territorio cenezeo), más adelante se convirtió en una ciudad de refugio levítica (Josué 21:13; 1 Crónicas 6:54-57).

Caleb confió más allá de los serios obstáculos en la promesa inquebrantable de Dios de que Israel ocuparía Canaán. Con vigor constante, estuvo preparado para conquistar el territorio que Josué le asignó. La confianza firme de Caleb en la veracidad de las promesas de Dios le aseguró un lugar de honor entre los fieles. Aun cuando los enemigos lo superaban en cantidad, Caleb confió en Dios, y Dios lo recompensó ricamente.

Pasajes para estudio adicional

Números 13:1–14:38; 26:65; 32:12; 34:19; Deuteronomio 1:36; Josué 14:6-15; 15:13-19; Jueces 1:11-15, 20; 1 Crónicas 4:15

Débora

Débora la profetisa está entre los primeros jueces de Israel, y fue una mujer de integridad y devoción al Señor. Como profetisa, recibió revelación divina; como jueza, arbitró disputas legales. Podemos describirla como «una madre para Israel» (ver Jueces 5:7).

Débora vivió en un período de depravación moral creciente, ceguera espiritual y fragmentación política. Israel estaba haciendo «lo malo a los ojos del Señor» (Jueces 4:1). Dios, una vez más, entregó a Israel a un opresor, Jabín de Canaán. Y una vez más, Israel «clamó al Señor por ayuda» (4:3).

A través de Débora, Dios llamó a Barac para pelear en contra de Sísara, el comandante del ejército de Jabín. Pero Barac no recibió el llamado de Dios con entusiasmo y valor. En lugar de eso, puso una condición: Débora tenía que ir con él. Débora accedió pero con un costo: la gloria de la victoria no sería para Barac, sino para una mujer. Y así ocurrió: Barac derrotó a Sísara y a su ejército, pero la gloria fue para Jael, la mujer que mató a Sísara y cumplió la profecía de Débora. La falta de valor y liderazgo de Barac contrasta el valor y liderazgo de estas dos mujeres. Las acciones de Débora resultaron en un período de cuarenta años de paz para Israel (5:31).

Pasajes para estudio adicional

Jueces 4:1–5:31

Gedeón

Gedeón, un juez israelita, era hijo de Joás, de la tribu de Manasés. Describió a su clan como el menos poderoso y a sí mismo como el menos importante del clan. Su historia narra cómo Dios puede tomar a una persona débil y usarla para propósitos grandes.

Bajo la opresión de Madián, Israel había clamado a Dios por alivio (Jueces 6:6). Dios les envió a un profeta para reprenderlos por abandonarlo y adorar a otros dioses. También envió a su ángel para llamar a Gedeón a rescatar a Israel. Gedeón entonces trillaba al fondo de una prensa de vino porque no quería que los madianitas se enteraran de lo que hacía. Cuando el ángel del Señor se le apareció, Gedeón cuestionó por qué Dios no había rescatado a su pueblo como en el éxodo. Dios le dijo que Gedeón había sido escogido para ser el libertador de Israel y Dios mismo estaría con él. Gedeón pidió una señal y llevó una ofrenda. El ángel tocó el sacrificio, y salió fuego de la roca debajo de él.

Esta señal le dio a Gedeón la fe para actuar. Dios le dijo que derribara el altar a Baal de su padre, que cortara el poste de Asera y que construyera un altar para el Señor en su lugar. Gedeón lo hizo, y se convirtió en un guerrero de Dios en contra de los dioses falsos. Luego, el Espíritu de Dios descendió sobre Gedeón y levantó un ejército que pelearía contra los madianitas y sus aliados. Todavía cauteloso, Gedeón le pidió a Dios otra señal para confirmar su llamado. Sacó lana de oveja dos noches seguidas y le pidió a Dios que revelara su poder haciendo que el rocío cayera en la lana o en el suelo de maneras milagrosas. Dios lo hizo, y Gedeón estuvo preparado para seguir el plan de Dios. Unos 32.000 hombres respondieron a su llamado, pero Dios lo dirigió a reducirlos a 300. Gedeón los guio en contra de un ejército abrumador, y lo derrotaron.

El pueblo quiso tener a Gedeón como gobernante, y se resistió correctamente, pero luego hizo un efod con aretes de los soldados derrotados, y este se convirtió en un ídolo (8:22-27). Gedeón, de fe débil y dependiente de señales visibles, dejó de adorar a Dios por ídolos. Israel disfrutó de paz durante su tiempo, pero su falta de fe produjo un fruto amargo cuando murió (8:33–9:57).

Pasajes para estudio adicional

Jueces 6:1–8:35; 1 Samuel 12:11; Isaías 10:26; Hebreos 11:32

Sansón

Sansón es una ilustración excelente de cómo Dios usa a alguien para bien a pesar de la indiferencia y el pecado. Al parecer, a Sansón no le importaba ni su pueblo ni su familia ni su Dios. Solo le importaba él mismo. Sin embargo, Dios lo puso en situaciones en las que les provocó daño a los filisteos, quienes oprimían al Israel pecador con permiso de Dios.

En primera instancia, Sansón les dijo a sus padres que se quería casar con una filistea aunque los israelitas no debían casarse con gente de la tierra (Deuteronomio 7:1-4; Josué 23:12-13; ver 2 Corintios 6:14-18). Persistió a pesar de las objeciones de sus padres y, de camino a la fiesta de boda, tomó miel del cadáver de un león que había matado antes. No le importó que, como nazareo, se le prohibía terminantemente tocar un cadáver (Números 6:1-21). Luego se inventó un acertijo sobre el león y apostó con treinta filisteos que no podrían resolverlo (Jueces 14:14). Ellos acosaron a la esposa de Sansón en busca de la respuesta, y Sansón se enojó tanto que mató a los treinta y se llevó su ropa para pagar la apuesta. Dios usó al héroe egoísta para que comenzara «a rescatar a Israel de manos de los filisteos» (13:5).

En la historia culminante de la vida de Sansón, Dalila, su amante, lo fastidió hasta que le reveló el secreto de su fuerza, traicionando así su voto nazareo (16:4-31). Ella le cortó el cabello y, por fin, los filisteos fueron capaces de vencerlo. Lo cegaron, lo ataron y lo cargaron. En su cautiverio, su cabello comenzó a crecer de nuevo. Un día, cuando los filisteos celebraban y se burlaban de él, pidió que lo llevaran a las dos columnas centrales del templo pagano. Ahí, le pidió a Dios que le diera las fuerzas para matar a los filisteos y quitarse la vida. Derribó el templo encima de unos tres mil filisteos y de sí mismo. Sin embargo, incluso esta acción no fue para su pueblo o su Dios, sino para «vengar[se]de los filisteos por la pérdida de [sus] dos ojos» (16:28). Aunque todo estaba en el plan de Dios, la historia de Sansón hace que el lector ansíe un mejor salvador.

Pasajes para estudio adicional

Jueces 13:1–16:31; Hebreos 11:32

Rut

La historia de Rut habla de una mujer bondadosa y leal y de la providencia oculta de Dios, quien hace que todo coopere para el bien de quienes lo aman (Romanos 8:28). Esta historia, parte de la que lleva al mismo Mesías, comienza con tristeza, pero termina con felicidad.

Rut vivió durante el período turbulento de los jueces. Era una extranjera de Moab que se casó con un miembro de una familia israelita de Belén cuando la familia vivía en Moab. Todos los hombres de la familia murieron en Moab, dejando tres viudas: Rut, su suegra, Noemí, y su concuñada, Orfa. Cuando Noemí decidió regresar a su pueblo natal de Belén, Rut se le unió. La declaración de Rut de amor, lealtad y fe en el Señor (el Dios de Noemí) es casi única (Rut 1:16-17).

Como Noemí lo esperaba, la situación en Belén era difícil para ella y su nuera. Rut, por iniciativa propia, se comprometió a resolver su problema de comida con la difícil y arriesgada tarea de espigar en los campos de granos (2:2). Actuó con tanto modestia, gracia y cortesía como con decisión, enfoque y resistencia. El cuidado generoso y diligente de Rut hacia Noemí es un tema principal en todo este pequeño libro.

Animada por Noemí, Rut tomó la iniciativa de pedirle a Booz, el rico terrateniente que apoyaba que Rut espigara allí, que actuara como redentor de la familia, lo que incluía el matrimonio (3:1-9). Al hacerlo, Rut ejerció gran «lealtad familiar» (3:10). Booz respondió a su propuesta llamando a Rut «mujer virtuosa», y ella, en definitiva, personificaba las características de una esposa virtuosa y capaz (3:11; ver Proverbios 31:10-31, que usa la misma frase hebrea y que está colocado inmediatamente antes de Rut en la Biblia hebrea).

Booz resolvió los asuntos legales y luego se casó con Rut. El libro termina anunciando el nacimiento de un bebé varón, Obed. Con ese final vemos un propósito importante del libro de Rut. Obed llegó a ser el abuelo del rey David, y el Nuevo Testamento incluye a Rut como una de las cinco mujeres en la genealogía de Jesucristo (Mateo 1:5). La fidelidad cotidiana de Rut tuvo una importancia eterna, y Dios desarrolló sus propósitos a través de ella.

Pasajes para estudio adicional

Rut 1:4–4:13; Mateo 1:5

Elí

Elí era el sumo sacerdote en el tabernáculo de Silo, el santuario central de Israel durante el período de los jueces. Al parecer, Elí descendía de Itamar, el hijo menor de Aarón (ver 1 Reyes 2:27; 1 Crónicas 18:16; 24:3). Era sincero y devoto, pero fue débil para criar a sus hijos malvados, Ofni y Finees.

Cuando Elí encontró a Ana en el tabernáculo, la acusó de ebriedad porque, de manera ferviente y en silencio, ella le pedía a Dios un hijo. Al darse cuenta de su error, Elí la bendijo, y Dios respondió a su oración con Samuel.

Samuel «crecía en estatura física y en el favor del Señor y en el de toda la gente», pero los hijos de Elí «eran unos sinvergüenzas que no le tenían respeto al Señor» (1 Samuel 2:12, 26). Robaban de las ofrendas y seducían a mujeres que servían en el tabernáculo. Cuando Elí los reprendía, lo ignoraban. Dios envió a un profeta a denunciar la debilidad de Elí y la maldad de sus hijos, y a anunciar que Dios retiraría el sacerdocio de la familia de Elí (2:27-36). Este oráculo se confirmó cuando Dios le habló a Samuel una noche y le dijo que pronto castigaría a la familia de Elí (3:1-14). Poco después, los filisteos derrotaron al ejército de Israel en batalla, capturaron el arca del pacto y asesinaron a los hijos de Elí (4:1-11). Cuando Elí, a sus noventa y ocho años, se enteró, cayó de espaldas, se rompió el cuello y murió (4:12-18). Su nuera entró en trabajo de parto y murió dando a luz al nieto de Elí, a quien nombraron Icabod («¿dónde está la gloria?») porque la gloria se había ido de Israel (4:19-22).

Sin embargo, la línea sacerdotal de Elí sobrevivió hasta que terminó el reinado de David. Abiatar fue el último descendiente de Elí que fungió como sumo sacerdote. Ya que apoyó el intento de Adonías de usurpar el trono de David, Salomón retiró a Abiatar del cargo y lo reemplazó con Sadoc (1 Reyes 2:27).

Pasajes para estudio adicional

1 Samuel 1:9-18, 25-28; 1 Samuel 2:11–4:22; 1 Reyes 2:27

Saúl

Saúl fue el primer rey de Israel. Dios y el pueblo lo eligieron, pero fracasó tremendamente porque carecía de confianza en sí mismo y en Dios. Saúl fue un personaje muy complejo quien, en ocasiones, suscita nuestra compasión. También fue la causa de sus propios problemas, en especial porque trajo aflicción a sus seres queridos.

Saúl, hijo de un terrateniente adinerado, llegó a ser rey de manera inesperada y a regañadientes. El pueblo había pedido un rey que los ayudara a pelear sus batallas, por lo que se alegraron con Saúl, quien era tan alto que los demás le llegaban al hombro (1 Samuel 10:23). Sin embargo, los problemas militares de Israel eran abrumadores, y Saúl no era un líder militar seguro de sí mismo. Si no hubiera sido por el profeta Samuel y por Jonatán, hijo de Saúl, su reinado hubiera sido un desastre.

Saúl ofendió a Dios al hacer juramentos impulsivos durante tiempos de guerra y cuando, en lugar de esperar a Samuel, hizo sacrificios errados antes de la batalla (14:16-46; 13:7-14). También desobedeció las órdenes de Dios de destruir a toda la gente y el botín de los amalecitas (15:1-35). Dios decidió reemplazarlo como rey y envió a Samuel a ungir a David. Saúl le tuvo mucha desconfianza a David aunque era su siervo más leal y el mejor amigo de su hijo. El reacio rey llegó a ser un déspota y se aferró al poder a toda costa. Invirtió mucho tiempo y esfuerzo en perseguir a David, buscando matarlo.

Saúl fue herido en una batalla contra los filisteos, y luego se echó sobre su propia espada como resultado del juicio de Dios. Aunque David había pasado mucho tiempo huyendo de Saúl, honró al primer rey y a su hijo Jonatán con un canto fúnebre conmovedor (2 Samuel 1:17-27).

Pasajes para estudio adicional

1 Samuel 9:1–11:15; 13:1–31:13; 2 Samuel 1:1-27; 1 Crónicas 9:35–10:14

Jonatán

A Jonatán, el hijo mayor del rey Saúl, le tocaba ser el próximo rey. Pero cuando Dios rechazó a Saúl y escogió a David, Jonatán acogió y apoyó el ascenso de David al poder (1 Samuel 18:1-4; 19:1-7).

Jonatán era un magnífico líder militar. Llevó al ejército de su padre a la victoria en contra de la guarnición militar filistea de Geba (13:3-4). En otro movimiento temerario, Jonatán y su escudero atacaron solos un puesto de avanzada filisteo. La confusión que resultó lanzó al ejército filisteo al caos, lo cual permitió que el ejército principal israelita atacara y obtuviera la victoria (14:1-23; ver 2 Samuel 1:22). Saúl había hecho un juramento imprudente de que nadie debía comer hasta que hubieran obtenido la victoria. Jonatán no sabía nada de él y comió un poco de miel. Cuando se enteró del juramento, Jonatán lo criticó severamente, y si el pueblo no hubiera intervenido, Saúl lo hubiera ejecutado... después de la batalla que había ayudado a ganar.

Cuando Jonatán y David se conocieron, se hicieron amigos de inmediato (1 Samuel 18:1-4). Jonatán expresó su amor profundo por David al darle su capa, su túnica, su espada, su arco y su cinturón, lo cual podría haber representado que Jonatán creía que David debería de ser el próximo gobernante. Cuando Saúl trató de matar a David, Jonatán intercedió por David y lo ayudó a escapar ileso.

Jonatán permaneció con su padre incluso después de que el Señor había dejado claro que había abandonado a Saúl. Como resultado, Jonatán murió con Saúl cuando peleaban en contra de los filisteos (31:2; 1 Crónicas 10:2). Jonatán fue un hombre virtuoso, temerario y generoso que siempre habló y actuó con integridad. Su amor y valor ayudaron a David a sobrevivir los ataques dementes del rey Saúl.

Pasajes para estudio adicional

1 Samuel 13:1–14:46; 18:1-4; 20:1-42; 23:16-18; 31:2; 2 Samuel 1:1-27; 4:4

Mical

Mical fue la hija menor de Saúl y la primera esposa de David, quien desempeñó un papel importante en la transición del reinado de su padre a su esposo (1 Samuel 14:49; 18:17-27).

En el antiguo Cercano Oriente, los matrimonios de las familias importantes a menudo tenían motivaciones políticas. Saúl entrampó a David en una situación peligrosa al prometerle a su hija mayor, Merab, si peleaba contra los filisteos. Como guerrero poderoso, David era un líder emergente en el reino de Saúl. El rey tendría que haber estado contento con semejante aliado, pero pronto tuvo celos de los logros de David y sospechó de sus ambiciones. Saúl esperaba que David muriera en el intento, pero el acuerdo fracasó. Más adelante, Saúl se enteró que Mical, su hija menor, amaba a David, lo cual le dio al rey otra oportunidad de engañar a David para que peleara contra los filisteos (18:20). En esta ocasión, David accedió. Cuando David volvió victorioso, Saúl no pudo evitar darle a David a su hija en matrimonio. Esta alianza ayudó a David cuando buscaba establecer sus credenciales con las tribus del norte (2 Samuel 3:13-16).

Mical amó a David al principio de su relación e incluso engañó a su padre para ayudar a David a escapar de una conspiración para matarlo (1 Samuel 19:11-17). Después de que David se fue de la corte del rey, Saúl arregló otro matrimonio para ella, pero más adelante David deshizo ese matrimonio para recuperarla (1 Samuel 25:44; 2 Samuel 3:13-16). Mical expresó desprecio hacia David cuando él danzó con alegría ante el arca del pacto que llevaban de regreso a Jerusalén (2 Samuel 6:16-23) y, por ello, Mical no pudo tener hijos.

Pasajes para estudio adicional

1 Samuel 14:49; 18:17-30; 19:11-17; 2 Samuel 3:13-16; 6:16-23

Samuel

Samuel vivió al final del período de los jueces y marcó el inicio del período del reinado. Fue el último juez de Israel y, en esencia, fue considerado su primer profeta (1 Samuel 3:20; 7:6, 15-17; Hechos 3:24; 13:20). Fungió como sacerdote, y fue un gran hombre de fe (ver 1 Samuel 2:18; Hebreos 11:32).

Samuel nació como respuesta a las oraciones de su madre, Ana. En el santuario de Silo, en Ramá, Ana, estéril, oró por un hijo y prometió dedicarlo a Dios para su servicio (1 Samuel 1:3, 9-11). Dios contestó su oración, y Samuel nació (1:19-20). Cuando fue destetado, Ana lo llevó a Elí, el sumo sacerdote (1:24-28; 2:11).

Los hijos de Elí eran malvados, pero Samuel sirvió al Señor, y llegó a ser evidente que Dios hablaba con más intimidad con Samuel que con Elí. A través de Samuel, Dios le advirtió a Elí del desastre que le llegaría a su familia (3:1-18). En efecto, los filisteos derrotaron a Israel, mataron a los hijos de Elí y se llevaron el arca del pacto (4:1-22). Más adelante, bajo el liderazgo de Samuel, el pueblo se arrepintió de su pecado de idolatría y ganó una batalla importante contra los filisteos (7:3-17).

Pero Samuel sufrió de la misma debilidad que Elí. Sus hijos fueron malos, y el pueblo no quiso que asumieran el liderazgo (8:1-3). El pueblo le pidió a Samuel que les nombrara un rey que pudiera guiarlos en batalla, y Samuel ungió a Saúl como el primer rey de Israel (8:4-5; 9:1–10:24). La transición de la época de los jueces al reinado fue turbulenta. Como sacerdote, Samuel oró por el pueblo; como profeta, reprobó a Saúl por su impaciencia y desobediencia (13:5-14; 15:12-35). Cuando Dios rechazó a Saúl como rey, Samuel ungió a David como el elegido de Dios y protegió a David de Saúl (16:1-13; 19:18-24).

Por medio de la oración y la perseverancia, Samuel fue un líder fiel que valoró el bienestar de su pueblo y, con valentía, reprendió a reyes y ancianos (Jeremías 15:1; Hebreos 11:32). Guio a Israel de la desunión tribal a la solidaridad nacional y estableció la monarquía. Se cree que escribió *El registro de Samuel el vidente* y definió el reinado ideal (1 Crónicas 29:29; 1 Samuel 10:25). Cuando murió, todo Israel lo lloró. Lo enterraron en Ramá, su pueblo natal (25:1).

Pasajes para estudio adicional

1 Samuel 1:19–2:11; 3:1–4:1; 7:3–16:13; 19:18-24; 25:1; 28:1-25; Salmo 99:6; Jeremías 15:1; Hechos 3:24; 13:20; Hebreos 11:32

David

David es una de las figuras monumentales de la historia bíblica. Su reinado fue un punto alto en el plan de Dios para Israel, y tuvo una importancia grande y duradera.

David, descendiente de Judá e hijo menor de Isaí, nació en Belén (Rut 4:18-22; 1 Crónicas 2:3-15; Mateo 1:3-6; Lucas 3:31-33). En esa época, los jebuseos habían ocupado Jerusalén, y grandes partes de la Tierra Prometida estaban ocupadas por pueblos extranjeros, incluyendo los filisteos. Dios usaría a David para completar la conquista de la tierra.

De joven, David pastoreaba las ovejas de su padre (1 Samuel 16:11; 17:14-15). Su vida dio un giro inesperado cuando el profeta Samuel ungió a David como el próximo rey de Israel, pero su reinado no inició por un golpe de estado ni por un asesinato. David llegó a ser un siervo fiel del rey Saúl, en un inicio como músico que tranquilizaba el alma atormentada del rey, lo cual anticipó el papel de David como compositor de muchos de los salmos (16:14-23). David también ayudó a Saúl a derrotar al campeón filisteo Goliat en combate individual, una victoria que anticipó el papel de David como un líder militar victorioso (17:32-51).

Aunque David le fue leal, Saúl le tenía cada vez más celos, y David huyó con la ayuda de Jonatán y Mical, hijos de Saúl. Dirigió una clase de reino en el exilio con un ejército de 600 hombres y con el profeta Gad y el sacerdote Abiatar, quienes le proveían dirección y guía del Señor.

La paciencia de Dios se acabó con Saúl, y Saúl murió en el campo de batalla. Pero no le fue fácil a David establecer su reinado sobre todo Israel. La tribu de Judá lo proclamó como su rey de inmediato, pero las tribus del norte escogieron a Is-boset, hijo de Saúl. Él no era ni poderoso ni bueno, y se mantuvo en el poder bajo la protección de Abner, el líder militar de su padre. Sin embargo, Is-boset insultó a Abner, y el general ayudó a entregarle el reino a David.

Como rey del Israel unido, David solidificó el reino. Con sus hombres, tomó a Jerusalén de manos de los jebuseos, y esta ciudad central se hizo la capital. Expulsó a los filisteos que quedaban y llevó el arca del pacto a Jerusalén. Él quería construir un templo para Dios ahí como reemplazo del tabernáculo, y aunque Dios se lo negó, demostró su amor por él con un pacto que estableció a sus descendientes como dinastía (2 Samuel 7).

Pero la vida de David se desvió (ver 2 Samuel 11–12). Cuando de seguro tendría que haber estado en el campo de batalla con su ejército, estaba holgazaneando en el techo del palacio. Vio a una belleza, Betsabé, bañándose. La deseó y, como un déspota del Cercano Oriente, la tomó. Quedó embarazada, y el desesperado intento de encubrir el adulterio fracasó. David hizo que asesinaran a Urías, el esposo de ella, pero nadie puede ocultarle secretos a Dios, y Dios envió a su profeta Natán a confrontar a David. David se arrepintió, pero las consecuencias atormentaron a su familia y al resto de su reinado (ver Salmo 32, 51).

La familia de David se derrumbó. Amnón, hijo de David, violó a su media hermana Tamar, y Absalón, hermano de ella, asesinó a Amnón (2 Samuel 13:1-14, 20-29). Más adelante, Absalón creó una guerra civil al tratar de robarle el trono a su padre (15–18). Otro hijo, Adonías, trató de arrebatarle el trono a David al proclamarse rey mientras su padre todavía estaba vivo (1 Reyes 1:5-10). Pero David pudo cobrar fuerzas suficientes para asegurarse que Salomón lo sucediera (1:28-40). David murió, Salomón fue proclamado rey, y la larga dinastía de David comenzó (como se prometió en 2 Samuel 7).

Los sucesores de David rara vez le llegaron a la altura. En raras ocasiones llevaron a la nación a adorar a Dios de manera fiel, y la monarquía unida ni siquiera sobrevivió a Salomón. En los siglos siguientes, gobernaron solo a Judá en el sur y, con el tiempo, ese reino fue destruido. Nunca más reinó un descendiente de David como rey de Israel.

¿Qué pasó, entonces, con la promesa a David de que su «trono estará seguro para siempre» (2 Samuel 7:16)? El Nuevo Testamento señala a Jesús. Él fue descendiente de David, y Dios lo proclamó el Cristo, o Mesías, el rey ungido (ver Mateo 1:1; 9:27; 12:23; Marcos 10:47-48; 11:10; 12:35-37; Lucas 18:38-39; 20:41-44; Juan 7:42; Apocalipsis 5:5; 22:16). La vida y el gobierno de David anuncian el reino mesiánico de Jesucristo, el cual durará para siempre (ver Lucas 1:32-33; Apocalipsis 11:15).

Pasajes para estudio adicional

Rut 4:13-22; 1 Samuel 16:1–17:58; 18:1–27:12; 29:1–30:31; 2 Samuel 1:1–24:25; 1 Reyes 1:1–2:12; 1 Crónicas 11:1–29:30; Salmo 1–32, 34–41, 51–71, 86, 91–110, 122, 124, 131, 133, 138–145; Mateo 1:1; 9:27; 22:41-46; Marcos 12:35-37; Lucas 20:41-44; Juan 7:40-44; Hechos 2:22-37; 13:20-43; Romanos 1:3; Apocalipsis 22:16

Betsabé

Betsabé fue hija de Eliam y nieta de Ahitofel, consejero del rey (2 Samuel 11:3; 15:12; 23:34; ver 1 Crónicas 3:5). Urías, su esposo, era un mercenario hitita y uno de los hombres más valientes al servicio de David (23:39).

Cierta primavera, David se quedó en Jerusalén cuando el ejército fue al campo de batalla (11:1). Paseándose por su techo, vio a la bella Betsabé tomando un baño. Hizo que la llevaran a sus habitaciones privadas, se acostó con ella, y Betsabé quedó embarazada (11:2-4).

Como David no quería que el escándalo fuera público, preparó cómo encubrirlo. Le pidió a Joab, el general, que Urías trajera un reporte de la línea de batalla. David esperaba que Urías regresara a casa y se acostara con Betsabé y, así, hiciera legítimo el embarazo. Pero Urías se consideraba en servicio activo, y durmió a la puerta del palacio (11:5-13). Cuando David le preguntó por qué, Urías respondió que no podía estar con su esposa mientras el arca y los ejércitos de Israel estuvieran en el campo de batalla. Esto fue desfavorable para David. Urías, ni siquiera un israelita, estaba listo para volver a la batalla al evitar acostarse con su esposa mientras David estaba en casa, ¡tratando de encubrir el adulterio! (Ver Levítico 15:16-18). Entonces David envió a Urías de regreso y le ordenó a Joab que se asegurara de que muriera en la batalla (2 Samuel 11:14-25). Pero esto no mantuvo el pecado de David en secreto. Cuando el Señor envió al profeta Natán a confrontar a David, David confesó su pecado y se arrepintió (12:1-14; ver Salmo 51).

Como predijo Natán, el bebé de Betsabé se enfermó y murió. Después del período de luto de Betsabé, David se la llevó al palacio como su esposa. David y Betsabé tuvieron otros hijos: Simea, Sobab, Natán y Salomón (2 Samuel 12:15-25; 1 Crónicas 3:5). La vida de David estuvo llena de intrigas entre los distintos bandos de sus esposas e hijos, y culminó en la vejez de David, cuando Betsabé buscó asegurar el reinado de su hijo Salomón (1 Reyes 1:1-53).

En la genealogía de Jesús el Mesías que presenta Mateo, aparecen tanto Salomón como Betsabé, y a ella se le describe como «la viuda de Urías», un recordatorio del pecado que la introdujo a la familia de David y al favor misericordioso de Dios hacia sus descendientes (Mateo 1:6).

Pasajes para estudio adicional

2 Samuel 11:1–12:25; 1 Reyes 1:5–2:25; Salmo 51:1-19

Salomón

Salomón fue el tercer rey de Israel y el segundo hijo de David y Betsabé (2 Samuel 12:13-25). El reinó durante cuarenta años (971–931 a. C.), y aunque comenzó su reinado con una prometedora confianza en Dios, terminó su vida como un adorador de ídolos que destruyó su reino.

Cuando el rey David estaba por morir, su hijo Adonías intentó asumir el trono con el apoyo del sacerdote Abiatar y el general Joab (1 Reyes 1:1-53). Sin embargo, el reino se le había prometido a Salomón, así que Betsabé y el profeta Natán le informaron a David sobre Adonías (1 Reyes 1:17; ver 2 Samuel 12:24-25; 1 Crónicas 28:4-7). De inmediato, David preparó la coronación de Salomón, y le aconsejó a Salomón que le fuera fiel a Dios (1 Reyes 2:1-9).

Salomón amaba a Dios y buscó su ayuda. Dios le pidió que eligiera un regalo y, como él eligió la sabiduría en lugar de larga vida, riquezas o fama, Dios le dio todo eso también. Salomón gobernó con sabiduría, recibió respeto a nivel mundial y escribió tanto el libro de Cantares como la mayor parte de Proverbios y Eclesiastés (1 Reyes 3:16-28; 4:20-34). Los rabinos dijeron que estos libros surgieron de tres etapas de su vida: «Cuando un hombre es joven, compone canciones; cuando se hace mayor, hace observaciones didácticas; cuando envejece, habla de la vanidad de las cosas» (*Midrás Rabá de Cantares* 1.1.10). También construyó el templo de Jerusalén y su propio palacio; desarrolló el comercio; y aumentó la riqueza y la seguridad de Israel. Su reputación por su sabiduría y riqueza era muy grande, y la reina de Saba viajó a Jerusalén para comprobarlo por sí misma (1 Reyes 10:1-29).

Salomón hizo muchas alianzas extranjeras y se casó con muchas extranjeras, comenzando con la hija del faraón de Egipto (1 Reyes 3:1). Ellas hicieron que el corazón de Salomón se alejara de Dios y se acercara a los ídolos. El sabio Salomón llegó a ser sumamente insensato, adorando a dioses falsos y oprimiendo a su pueblo. Por eso, Dios usó a Jeroboam para quitarle una gran parte del reino. Aun así, el Nuevo Testamento recuerda la sabiduría y la gloria de Salomón como un estándar por el cual se mide a otros. Jesús es la encarnación de la sabiduría de Dios, la cual superó con creces la de Salomón (Mateo 12:42; Lucas 11:31).

Pasajes para estudio adicional

2 Samuel 12:24-25; 1 Reyes 1:1–11:43; 2 Crónicas 1:1–9:31; Salmo 72:1-20; 127:1-5; Proverbios 1:1; Mateo 6:28-30; 12:42; Lucas 11:31; 12:27

Elías

Elías de Tisbé («mi Dios es Yahveh») fue profeta de Israel bajo Acab y Ocozías (874–852 a. C.). Su ministerio implicó tanto demostrar que el Señor es el único Dios verdadero como llamar a Israel a volver al Señor.

Cuando Israel comenzó a adorar a Baal —Dios cananeo de la fertilidad, la tormenta y la lluvia—, Dios envió una sequía a Israel (1 Reyes 17:1). Elías se escondió, y Dios lo sustentó. Elías vivió con una viuda de Sarepta, un pueblo del territorio natal de Jezabel en Sidón, cuyo hijo murió pero resucitó cuando Elías oró por él (1 Reyes 17:8-24).

En el tercer año de la sequía, Elías desafió a los profetas de Baal a una contienda en el monte Carmelo para demostrar la identidad del Dios verdadero (1 Reyes 18:1-40). Los profetas de Baal apelaron a Baal en vano, y se pusieron frenéticos para hacer que se manifestara mientras Elías se burlaba de Baal. Cuando fue su turno, Elías derramó agua sobre su sacrificio e hizo una oración sencilla y poderosa. El fuego consumió la ofrenda de inmediato. El pueblo de Israel adoró al Señor y mató a los profetas de Baal. Elías oró por lluvia, y la sequía se acabó (18:41-46).

Pero Acab y Jezabel siguieron desviando a Israel. Jezabel, furiosa ante la muerte de sus profetas, amenazó a Elías, quien huyó al desierto y le pidió a Dios que le quitara la vida (1 Reyes 19:1-2). Pero un ángel lo alimentó hasta que llegó al monte Sinaí. Elías se quejó de ser el único profeta del Señor y de que su vida peligraba. Dios lo animó y, con una voz silenciosa, le dio buenas noticias y lo envió de nuevo al trabajo (1 Reyes 19:3-18).

Elías, firme en su devoción al único Dios verdadero, tuvo un asistente, Eliseo, a quien preparó bien. Al final de su vida terrenal, Elías fue llevado al cielo en un carro de fuego (2 Reyes 2:11-12). Eliseo heredó el manto profético de Elías y siguió confrontando la falsa adoración en Israel (ver 2 Reyes 2:1–9:13; 13:14-25).

El Antiguo Testamento termina con la esperanza de que Elías regresaría antes del día del Señor, una esperanza que Juan el Bautista cumplió al menos en parte (Malaquías 4:5-6; ver Mateo 11:7-14; 17:10-13; Lucas 1:17). Elías apareció con Moisés en la transfiguración de Jesús (Mateo 17:1-9). En Apocalipsis 11:3-12, uno de los dos testigos parece ser Elías mismo o tener similitud con Elías. La vida de Elías ilustra la bondad de Dios y la efectividad de la oración (Lucas 4:25-26; Romanos 11:2-6; Santiago 5:17-18).

Pasajes para estudio adicional

1 Reyes 17:1–19:21; 21:1-29; 2 Reyes 1:1–2:25; 9:36; 10:10, 17; 2 Crónicas 21:12-15; Malaquías 4:5-6; Mateo 11:14; 16:14; 17:1-13; 27:45-49; Marcos 6:15; 8:28; 9:2-13; 15:33-36; Lucas 1:17; 4:26; 9:28-36; Juan 1:19-28; Romanos 11:1-6; Santiago 5:17

Eliseo

El profeta Eliseo fue seguidor, discípulo y sucesor de Elías a finales de los años 800 a. C., cuando los líderes y el pueblo del reino del norte le dieron la espalda a Dios y adoraron al dios cananeo Baal (1 Reyes 19:15-21; 2 Reyes 2:1-18). Acab, Jezabel y sus descendientes fueron adoradores entusiastas de este dios falso. Eliseo fue parte importante de la estrategia de Dios para derrocar a los líderes idólatras de Israel. Su ministerio (853–798 a. C.) comenzó cuando estaba terminando el reinado del rey Acab. Una vez que Elías fue llevado al cielo, los milagros de Eliseo demostraron que el gran poder de Dios estaba con él.

Dichos milagros a menudo tuvieron que ver con el agua. Purificó el agua putrefacta de un manantial cerca de Jericó e hizo que la cabeza de un hacha flotara (2 Reyes 2:19-22; 6:1-7). Cuando el suministro de agua del rey Joram se secó en el territorio enemigo, Eliseo predijo que un gran suministro de agua aparecería (2 Reyes 3:4-20). Como se suponía que Baal controlaba el agua, estas señales demostraron que el Señor, no Baal, estaba al mando.

Eliseo exhibió el poder de Dios al ayudar al pueblo de maneras tangibles. Ayudó a una mujer pobre al hacer, de manera milagrosa, que sus jarras se llenaran de aceite de oliva (2 Reyes 4:1-7). Le predijo a una mujer de Sunem que tendría un hijo, y resucitó al niño cuando este murió (2 Reyes 4:8-37). Curó de lepra a un general arameo llamado Naamán (2 Reyes 5:1-19). Y les proveyó comida a quienes la necesitaban (2 Reyes 4:38-44).

Eliseo también fue parte del plan de Dios de llevarle el juicio al reino del norte. Ungió tanto a Jehú de Israel como a Hazael de Aram, quienes le dieron un final violento a los líderes de Israel que promovían la adoración a Baal (ver 1 Reyes 19:15-18; 2 Reyes 8:7-15; 9:1-13).

Los milagros de Eliseo anticiparon el ministerio de Jesús, quien también curó a leprosos, resucitó muertos y proveyó de comida de manera milagrosa (Mateo 8:1-4; 14:13-21; 15:32-38; Marcos 5:21-43; Lucas 7:11-17; Juan 11:1-44). Jesús mencionó la sanidad de Naamán como un precedente de su alcance a los gentiles, mostrando que la misericordia de Dios no está limitada a los israelitas (Lucas 4:27).

Pasajes para estudio adicional

1 Reyes 19:15-21; 2 Reyes 2:1–9:13; 13:14-21; Lucas 4:27

Josías

Josías, rey de Judá del 640 al 609 a. C., fue un hombre piadoso, quien buscó «al Señor con todo su corazón, con toda su alma y con todas sus fuerzas, obedeciendo todas las leyes de Moisés» (2 Reyes 23:25).

El reino de Judá fue sumamente idólatra y malvado durante el previo reinado de Manasés (697–642 a. C.). Aunque Manasés se arrepintió cerca del final de su reinado, las condiciones empeoraron con su hijo Amón (642–640 a. C.), tan malo que sus propios funcionarios lo asesinaron y coronaron a Josías, quien apenas tenía ocho años (21:23-24; 22:1; 2 Crónicas 33:24–34:1).

A sus dieciséis años, Josías «comenzó a buscar al Dios de su antepasado David» (2 Crónicas 34:3). Se dedicó a purificar la adoración del pueblo y, a los veinte años, comenzó a erradicar lugares paganos de adoración, en especial el despreciable centro pagano de adoración de Betel. Él cumplió la profecía al destruir el altar y quemar los huesos de los sacerdotes paganos, profanando el lugar (1 Reyes 13:1-3; 2 Reyes 23:15-18).

A sus veintiséis años, organizó reparaciones en el templo (22:3-7). En el proceso, el sacerdote Hilcías encontró el libro de la ley y se lo leyó a Josías, quien se sintió devastado por sus afirmaciones en contra de la apostasía (22:8-20). Entonces buscó obedecer los mandatos de Dios y dirigir al pueblo en la adoración a él. Celebró la Pascua como lo requería la ley; destruyó artefactos para la adoración de Baal y del sol; y eliminó los santuarios paganos de Judá (23:4-14). Josías, al parecer, recibió en todo esto el apoyo de los profetas Sofonías y Jeremías, quienes hablaban de parte de Dios.

Sin embargo, Josías no fue sensible a la voz de Dios en una ocasión, y le costó la vida (23:29-30; 2 Crónicas 35:20-25). En el 609 a. C., el faraón Necao marchó hacia Carquemis para reforzar al ejército asirio en contra de Babilonia. Josías hizo que Necao se demorara en Meguido, tal vez porque quería apoyar a los babilonios. Necao insistió que el Señor quería que él peleara contra Babilonia, pero Josías lo atacó y falleció. Jeremías y el pueblo de Judá lloraron mucho a Josías (2 Crónicas 35:25).

Aunque Josías fue fiel, el pueblo no lo fue ni se arrepintió. Cuando él murió, sus hijos y sucesores comenzaron a alejarse del Señor. Los años turbulentos después de su muerte acabaron con la destrucción de Jerusalén y el exilio de sus ciudadanos a Babilonia (605–586 a. C.).

Pasajes para estudio adicional

1 Reyes 13:2; 2 Reyes 21:24–23:30; 2 Crónicas 33:25–35:27; Jeremías 1:1-4; 22:13-23; 25:3; 36:2; Sofonías 1:1

Esdras

Esdras era sacerdote y escriba de la línea de sumos sacerdotes de Sadoc (Esdras 7:1-5, 11-12; ver Nehemías 8:2, 9). Fue líder de Judá después de que los judíos regresaron del exilio. Como escriba, Esdras no fue solo un copista, sino un estudiante disciplinado de las leyes de Dios que estaba capacitado para enseñar, predicar e interpretar las Escrituras (Esdras 7:6).

Como funcionario importante que ayudaba al rey con los asuntos judíos del Imperio persa, Esdras visitó Jerusalén alrededor del 458 a. C. Llevó artículos para el templo y tenía la misión de establecer las leyes de Dios y las leyes de Persia. Una de sus primeras reformas fue confrontar el pecado de matrimonios mixtos con los vecinos paganos (9:1–10:44). Más adelante, después de que se reconstruyó la muralla de la ciudad en el 445 a. C., Esdras dirigió a la comunidad para obedecer las leyes de Dios de una manera más completa (Nehemías 6:15; 8:13-15).

Esdras honró a Dios por medio de su manejo de las finanzas. El rey persa confiaba en el juicio de Esdras y le permitió pedirle más dinero cuando fuera necesario (Esdras 7:15-20). Esdras les dio a otros la responsabilidad de los asuntos financieros cuando podía y exigía una integridad financiera estricta (8:24-30). Identificó ciertos recursos financieros como santos y pertenecientes a Dios.

Esdras se humilló ante Dios cuando el pueblo comenzó el viaje, cuando se dio cuenta de los matrimonios profanos del pueblo y cuando reunió a aquellos a quienes se les requirió que se divorciaran de sus esposas paganas (8:21-23; 9:5-15; 10:6). Siempre reconoció que la mano misericordiosa de Dios, no su propia habilidad o sabiduría, permitía que ocurrieran cosas buenas (7:6, 9, 28; 8:18, 22, 31; 9:8-9). Estudiaba y vivía conforme a la Palabra de Dios y les enseñaba a otros a seguir lo que Dios revelaba (7:10). Fue un maestro y un líder siervo, no un funcionario vanidoso que se sentía superior a los demás.

La piedad y la dedicación de Esdras, demostradas por medio de la oración y el ayuno, pusieron su celo reformador en una perspectiva espiritual apropiada. Él estableció el patrón para la vida en la comunidad judía posexílica, e hizo de la Palabra de Dios y de la adoración prioridades centrales.

Pasajes para estudio adicional

Esdras 7:1–10:44; Nehemías 8:1-18; 12:1, 26, 36

Nehemías

Nehemías fue un líder poderoso del pueblo de Dios que vivió en Judea despúes del exilio. Él mejoró la moral y fortaleza del pueblo de Dios en medio de las dificultades.

Antes de que regresara a Judea, Nehemías fue el copero del rey persa Artajerjes I (465–424 a. C.). El copero le llevaba el vino al rey (y lo probaba primero para asegurarse de que no estuviera envenenado) y era su confidente y asesor de confianza. Nehemías oyó noticias de la triste condición de Jerusalén y, movido por la compasión, le pidió permiso al rey para regresar a Judea y ayudar a su pueblo. El rey respondió de forma favorable y lo hizo gobernador de la provincia de Judea por doce años para que ayudara a sus conciudadanos judíos y reconstruyera la muralla de Jerusalén (Nehemías 1:1–2:8).

Nehemías tenía el apoyo del rey persa, pero se enfrentó a la oposición de los habitantes de la tierra. Esas personas de herencia mixta fueron los antepasados de los samaritanos del Nuevo Testamento. Nehemías demostró gran valor y habilidad a medida que, con éxito, ayudó al pueblo de Judea a reconstruir la muralla que protegía a Jerusalén.

Nehemías tenía una fuerte fe personal, como se ve en sus oraciones y su confianza en la guía y la ayuda divinas (Nehemías 1:4-11; 2:4; 2:8, 18, 20). También abogó por la justicia económica. Reprendió a los pocos judíos ricos que explotaban la escasez de comida al exigir altos intereses de sus parientes más pobres y dio ejemplo de una mejor conducta (Nehemías 5).

Nehemías estaba sumamente preocupado por la fidelidad del pueblo y, de manera individual, confrontó a los hombres que se habían casado con mujeres paganas (13:23-29). Tenía un intenso interés en mantener la adoración del templo, así que dirigió a la comunidad judía a comprometerse a apoyar al personal del templo y a proveer ofrendas (10:32-39). También reformó el cumplimiento del día de descanso (13:15-22).

Aunque todavía había problemas al final de su mandato en Jerusalén, Nehemías fue un líder efectivo que restauró la identidad nacional y religiosa de los nuevos pobladores en un período de debilidad política y económica (ver Nehemías 13).

Pasajes para estudio adicional

Nehemías 1:1–7:73; 8:9-10; 10:1–13:31

Ester

Ester fue reina de Persia durante el reinado de Jerjes I (486–465 a. C.). Era una mujer de la *diáspora* («dispersión»), y descendía de los judíos que se habían dispersado entre las naciones en la época del destierro. Su familia no había regresado a la tierra de Judá, como lo habían hecho algunos judíos, sino que había decidido quedarse en la tierra de Persia, como muchos otros (ver Esdras 1–2). Cuando observamos lo importante que era su primo Mardoqueo en el gobierno persa, suponemos que su familia se había vuelto rica y cómoda.

Ester era huérfana y fue criada por su primo Mardoqueo, quien fue un funcionario menor del gobierno persa en Susa. Llegó a ser reina después de que el rey Jerjes se disgustó con la reina Vasti por rehusarse a asistir a un banquete cuando se le ordenó que lo hiciera (Ester 1:11-12).

Una vez coronada, Ester fue discreta en ganarse la confianza de Jerjes y le informó de un complot de asesinato (2:21-23). Más adelante, eso le permitió rescatar a su pueblo de una masacre que planeaba Amán, un alto funcionario del rey. Por medio de su sabio consejo y acción valiente, Ester expuso a Amán, quien fue ejecutado, y el pueblo judío se salvó. El festival judío de Purim se instituyó para celebrar esos acontecimientos.

Pasajes para estudio adicional

Ester 2:7-20; 4:4–5:8; 7:1–9:32

Isaías

Isaías fue un profeta judío durante los reinados de Uzías, Jotam, Acaz y Ezequías. Era hijo de Amoz (Isaías 1:1) y, probablemente, pariente del rey Amasías. Vivió en Jerusalén, recibió una buena educación y tenía un entendimiento profundo de la naturaleza humana. Tuvo un ministerio largo (c de 740 – 685 a. C.). Como consejero político y religioso de Judá, tuvo acceso a reyes y, al parecer, al historiador de la corte (2 Crónicas 26:22; 32:32). A la esposa de Isaías se le llamaba «profetisa», y sus hijos fueron Sear-jasub y Maher-salal-has-baz (Isaías 7:3; 8:3).

Isaías se opuso al mal social y político en todos los niveles. Censuró a los adivinos. Reprendió a los reyes por su terquedad e indiferencia. Denunció a las personas adineradas e influyentes que ignoraban sus responsabilidades. Y exhortó a todos a obedecer el pacto de Dios. Isaías se opuso a la idolatría cananea y a las prácticas religiosas hipócritas, proclamó juicio y declaró que solo el remanente justo sobreviviría (1:10-17; 6:11-13; 29:13). Predijo la venida del Mesías, el príncipe pacífico del reino de Dios, quien también fue un siervo sufriente y obediente (9:6-7; 11:1-11; 53:3-12). El libro de Isaías tiene más alusiones al Nuevo Testamento que cualquier otro libro del Antiguo Testamento, y los autores del Nuevo Testamento lo citan con frecuencia.

Pasajes para estudio adicional

2 Reyes 19:1–20:19; 2 Crónicas 26:22; 32:20, 32; Isaías 1:1–66:24; Mateo 3:3; 4:14-16; 8:17; 12:17-21; 13:14-15; 15:7-9; Marcos 1:2-3; 7:6-7; Lucas 3:4-6; 4:17-19; Juan 1:23; 12:38-41; Hechos 8:28-34; 28:25-27; Romanos 9:27-29; 10:15-16, 20-21; 15:12; Gálatas 4:27

Jeremías

A Jeremías, un profeta de Jerusalén antes de su destrucción en el 586 a. C., en ocasiones se le llama «el profeta llorón» porque compartía sus batallas personales y tristezas al dar los mensajes de Dios.

Jeremías, hijo de Hilcías de Benjamín, nació en Anatot, cerca de Jerusalén, durante el reinado de Manasés. Recibió su llamado como profeta durante el décimo tercer año del reinado de Josías (627 a. C.). Al principio, Jeremías se retractó de su llamado, pero Dios le aseguró que él le diría qué decir y lo guiaría y protegería a pesar de la oposición (Jeremías 1:6-8, 18-19).

Jeremías les advirtió a los reyes y al pueblo de Judá que se arrepintieran para evitar el destierro. Ellos habían quebrantado el pacto de Dios, más que nada por medio de la idolatría, y estaban sujetos a las consecuencias (10:1-16; Deuteronomio 27–28). Como rechazaron la invitación de Dios a arrepentirse, Jeremías, más adelante, les dio mensajes de que el juicio de Dios había llegado a ser inevitable.

Los líderes de Judá detestaban a Jeremías. El rey Joacim trató de silenciarlo. El rey Sedequías buscaba su consejo en secreto, pero cedió ante sus administradores cuando ellos quisieron silenciar al profeta. Sin embargo, no pudieron silenciar la Palabra de Dios. El juicio prometido llegó en el 586 a. C., cuando Jerusalén fue saqueada, el templo fue destruido y los líderes de Judá fueron asesinados o desterrados a Babilonia.

Nabucodonosor, rey de Babilonia, sabía de Jeremías y tenía una disposición favorable hacia él (Jeremías 39:11-12). El capitán del ejército babilonio permitió que Jeremías se quedara con el remanente en Judá. Jeremías aconsejó a los que se quedaron a que se sometieran a Babilonia, incluso cuando los terroristas judíos mataron a Gedalías, el gobernador que Babilonia había nombrado. Los judíos rechazaron el consejo de Jeremías y huyeron a Egipto. Se llevaron a Jeremías con ellos, y no se sabe más acerca de él. Según la tradición, fue lapidado por los judíos en Tafnes, Egipto.

Jeremías sufrió rechazo continuo, encarcelamiento y abuso físico durante su vida, pero su ministerio no fue del todo negativo. Predijo que el exilio sería temporal y que Dios establecería un pacto nuevo con su pueblo (25:1-14; 31:31-34). Esta promesa se cumplió en Jesucristo (Lucas 22:20).

Pasajes para estudio adicional

2 Crónicas 35:25; 36:12, 21; Jeremías 1:1-10; 13:1-14; 18:1-12; 19:1–20:6; 24:1-10; 26:1–29:32; 32:1-15; 36:1–44:30; Daniel 9:2; Mateo 16:14; 27:9

Ezequiel

Ezequiel, un sacerdote y profeta, nació alrededor del 623 a. C. Es probable que haya crecido en Jerusalén y que estuviera casado (Ezequiel 24:16-18). Se fue al destierro en Babilonia con Joaquín en el 597 a. C., donde vivía cerca del río Quebar. Fue llamado a ser profeta en Babilonia el 31 de julio del 593 a. C. (1:1). Todo lo que sabemos de su vida personal se encuentra en el libro con su nombre.

Con frecuencia reforzó sus palabras proféticas con acciones extrañas, como ilustrar su mensaje acerca de la falta extrema de comida en el sitio final de Jerusalén comiendo alimentos cocinados con estiércol (4:12). En otra ocasión, estuvo acostado sin moverse por 430 días, un día por cada año de pecado de Israel y Judá (4:4-7). Cuando la esposa de Ezequiel murió de manera repentina, se le prohibió llorar su muerte en público pues su muerte era una advertencia solemne de lo que ocurriría en Judá (24:15-27). Las acciones extrañas de Ezequiel estaban diseñadas para llamar la atención de la gente.

Al principio, los mensajes de Ezequiel fueron rechazados, pero, más adelante, sus profecías se vindicaron a medida que comenzaron a ser una realidad y la nación se purificó de la idolatría. Sus enseñanzas enfatizaban la santidad, la pureza, la resurrección y la ley ritual. Su mensaje de esperanza animó a los desterrados a permanecer fieles durante las horas oscuras de su cautiverio y, después de su regreso, eso los mantuvo con la mirada hacia un cumplimiento más grande.

Las circunstancias de la muerte de Ezequiel se desconocen, y no se le menciona en ninguna otra parte del Antiguo Testamento. El Nuevo Testamento tiene más de sesenta referencias a las profecías de Ezequiel, la mayoría en el libro del Apocalipsis. La visión profética de Ezequiel se extiende más allá de su futuro inmediato, al juicio final y a la gran esperanza del cielo.

Pasajes para estudio adicional

Ezequiel 2:1-10; 24:15-27

Daniel

Daniel provee un emocionante ejemplo de fe, sabiduría y perseverancia bajo dificultades y opresión. Su vida y profecías afirman que Dios está en control y que tendrá la victoria final a pesar de las fuerzas del mal que parecen dominar.

Daniel era un joven de la familia real de Judá cuando Jerusalén fue atacada en el 605 a. C. (Daniel 1:3). Fue deportado a Babilonia con Azarías, Ananías y Misael. El rey Nabucodonosor los entrenó, entre otros, para que sirvieran en su creciente imperio. Como los más brillantes y saludables, asumieron puestos importantes en la corte. La carrera de Daniel duró casi setenta años, y no tardó en establecer una reputación por su inteligencia y fidelidad absoluta a Dios (ver Daniel 1:21). Cuando Nabucodonosor tuvo un sueño inquietante, Dios le reveló su significado a Daniel, quien se lo explicó al rey (Daniel 2). Más adelante, Daniel interpretó un segundo sueño acerca del orgullo del rey (Daniel 4). Daniel animó al rey a arrepentirse, pero como no lo hizo, el rey enloqueció por un tiempo (Daniel 4:28-37).

Daniel siempre respetó a Nabucodonosor, y el rey lo tenía en alta estima. El carácter y comportamiento de Daniel llevaron al rey a adorar al Señor (aunque no de manera exclusiva). La fidelidad y prudencia de Daniel son de ánimo a lectores posteriores en culturas igual de hostiles.

Más adelante, el virrey Belsasar profanó las copas santas del templo de Jerusalén en un banquete (539 a. C.). Una mano sin cuerpo de pronto escribió «MENE, MENE, TEKEL y PARSIN» en la pared del palacio. Daniel interpretó que predecían el final inminente de Babilonia. Esa noche, los persas capturaron la capital y mataron a Belsasar (Daniel 5:1-31).

Bajo Darío el medo (539 a. C.), Daniel llegó a ser administrador del reino, lo cual enfureció a sus enemigos políticos (6:2). Ellos persuadieron a Darío a decretar que estaría prohibido, bajo pena de ser lanzado a un foso de leones, adorar a cualquiera que no fuera el rey. Conservando su integridad religiosa, Daniel violó la ley, pero, por milagro, los leones lo dejaron ileso, y él retomó su puesto (Daniel 6:17-28). Sus visiones posteriores datan alrededor de entonces, y son difíciles de entender en detalle, pero su mensaje es claro: las fuerzas del mal tienen ahora el poder, pero Dios está en control y salvará a su pueblo (Daniel 10:1, 4).

Jesús y los autores del Nuevo Testamento citaron a Daniel y usaron su simbolismo al hablar de los últimos tiempos (ver Daniel 7:1-9, 13; 9:27; Mateo 24:15; Apocalipsis 1:7; 13:1-10). Daniel no dudó que el Dios Altísimo sería victorioso.

Pasajes para estudio adicional

Ezequiel 14:14, 20; 28:3; Daniel 1:1–12:13; Mateo 24:15

Nabucodonosor II

El rey Nabucodonosor II reinó sobre Babilonia del 605 al 562 a. C. Aseguró y extendió el imperio de su padre, Nabopolasar (626–605 a. C.). Más allá del registro bíblico, muchos documentos babilónicos antiguos reportan los logros de Nabucodonosor.

En el 626 a. C., Babilonia, al igual que Judá, estaba bajo el dominio de Asiria, pero, en ese año, Nabopolasar inició una revuelta que cambiaría al mundo. En el 612 a. C., los babilonios capturaron Nínive, la capital de Asiria y, una vez más, derrotaron a los asirios en Harán en el 609 a. C. En la época de esta batalla, el hijo de Nabopolasar, Nabucodonosor, desempeñó un papel importante en el ejército. En el 605 a. C., Nabucodonosor derrotó al remanente del ejército asirio en Carquemis; dicha victoria también hizo retroceder a los egipcios a sus fronteras. En el mismo año, Nabopolasar murió, y su hijo llegó a ser rey.

Después de su victoria en Carquemis en el 605 a. C., Nabucodonosor conquistó Siria y las áreas circundantes, incluyendo a Judá. En ese año, Nabucodonosor sitió a Jerusalén por primera vez (2 Reyes 24:1; 1:1-2). Se llevó varias vasijas del templo y a algunos de los ciudadanos jóvenes importantes de Judá, entre ellos Daniel y sus tres amigos. Nabucodonosor capturó Jerusalén de nuevo en el 597 a. C. (2 Reyes 24:10-17). Más adelante, sitió a Jerusalén en el 588 a. C., destruyó la ciudad y el templo en el 586 a. C., y desterró a la mayor parte de las personas que habían quedado (2 Reyes 25:1-21).

Una descripción personal detallada e interesante de Nabucodonosor se encuentra en Daniel. Él se llevó a Daniel y a sus amigos a Babilonia para educarlos en las costumbres de Babilonia, pero Dios usó a Daniel para enseñarle a Nabucodonosor acerca de sí mismo. Después de ser humillado por su gran orgullo, Nabucodonosor reconoció la soberanía y el poder de Dios, aunque es probable que nunca haya adorado al Dios verdadero de manera exclusiva (Daniel 4:28-37).

Pasajes para estudio adicional

2 Reyes 24:1–25:30; 2 Crónicas 36:6-21; Jeremías 21:1-10; 22:24-27; 24:1; 25:1-14; 27:4-8; 28:14; 29:1-23; 32:1-5, 26-31; 34:1-3; 37:1; 39:1-14; 43:10-13; 46:2, 13-26; 49:28-33; 50:17; 51:34; 52:4-16, 28-30; Ezequiel 26:7; 29:18-20; 30:10-11; Daniel 1:1–4:37

Zorobabel

Zorobabel, un judío nacido en Babilonia, se reubicó en Judea en el 538 a. C. como gobernador de Jerusalén bajo el gobierno persa. Ciro, el rey de Persia, había declarado que los judíos que habían sido capturados y desterrados de Judá podían regresar a su tierra natal. Zorobabel dirigió uno de los primeros grupos que volvieron.

Zorobabel llegó a Judea con la misión de reconstruir el templo, y comenzó construyendo el altar. Los sacrificios podrían comenzar de nuevo una vez que se restaurara el Lugar Santo. Sin embargo, la comunidad de Judea pronto se tropezó con la oposición de la gente de la tierra, quienes, en efecto, detuvieron la construcción. Los judíos se desviaron del proyecto hasta que la predicación de Hageo y Zacarías los animó a volver a trabajar. Zorobabel fue fundamental para dirigir y organizar el esfuerzo de reconstrucción del templo, que tardó alrededor de seis años (520–515 a. C.).

Una esperanza entusiasta rodeaba a Zorobabel, quien era descendiente directo del rey David (1 Crónicas 3:1-19). Tanto Zacarías como Hageo describen a Zorobabel en términos mesiánicos, como el escogido por Dios para traer la restauración a Israel (Hageo 2:21-23; Zacarías 4:6-7). Pero Zorobabel pronto desaparece de la narración bíblica sin explicación. Este primer gobernador de Judea no era el Mesías. Más bien, Jesucristo, uno de los descendientes de Zorobabel (Mateo 1:12), asumiría esa posición gloriosa.

Pasajes para estudio adicional

Esdras 2:1–6:22; Nehemías 7:7; Hageo 1:12–2:23; Zacarías 4:1-14; Mateo 1:12

Herodes el Grande

Herodes el Grande fue el rey de Judea nombrado por los romanos (37–4 a. C.) en la época del nacimiento de Jesús (Mateo 2:1; Lucas 1:5). Fue un líder militar robusto, un político brillante y un tirano cruel. Habiendo nacido en una familia idumea (edomita) con vínculos con los romanos, llegó al poder ganándose el favor de los romanos y lo retuvo reprimiendo con crueldad a sus opositores.

Se conoce a Herodes por sus grandes proyectos de construcción. Su logro más grande fue la reconstrucción y el embellecimiento del templo de Jerusalén, iniciada cerca del 20 a. C. (Josefo, *Antigüedades* 15.8.1). Lo convirtió en uno de los edificios más esplendorosos del mundo antiguo. También construyó Cesarea y la convirtió en la base romana de Palestina. Herodes se ganó el título de «el Grande» debido a su reputación como gran constructor.

También se conoce a Herodes por sus problemas familiares y su trato brutal de aquellos que se le oponían o de aquellos a quienes consideraba una amenaza. Asesinó a dos de sus esposas y a tres de sus propios hijos cuando sospechó que conspiraban en contra de él. César Augusto dijo una vez que preferiría ser el *cerdo* de Herodes que su *hijo* (un juego de palabras en griego, ya que las dos palabras suenan de manera similar: *hus, huios*). Cuando Jesús nació hacia el final del reinado de Herodes, este escuchó que se referían a Jesús como el futuro «rey», y Herodes intentó asesinarlo también. Como no pudo ubicarlo, Herodes ordenó la masacre de todos los niños varones menores de dos años del área de Belén, una acción típica de su crueldad y paranoia (ver Mateo 2:1-20).

Aunque Herodes obtuvo el título de «rey de los judíos», el pueblo judío nunca lo aceptó como legítimo rey porque no era del linaje de David y porque era edomita (descendiente de Esaú) y no judío.

Pasajes para estudio adicional

Mateo 2:1-20; Lucas 1:5

Mateo (Leví)

Mateo fue recaudador de impuestos para los romanos y llegó a ser uno de los doce apóstoles de Jesús. Según la tradición temprana, fue el autor del Evangelio de Mateo.

Aunque se le llama Mateo en todas las listas de los apóstoles, se hace referencia a él como Leví, su otro nombre, en dos de los relatos de su llamado (Mateo 10:3; Marcos 2:14-15; 3:18; Lucas 5:27-29; 6:15; Mateo 9:9-10; Hechos 1:13). Su padre se llamaba Alfeo, pero no hay seguridad de que sea hermano de Santiago, hijo de Alfeo (ellos dos no están vinculados en las listas de los apóstoles, como lo están los demás pares de hermanos; Marcos 2:14).

Los judíos que cobraban impuestos para los romanos, por lo general, eran considerados pecadores despreciables por sus compatriotas. Ellos se beneficiaban al trabajar para las fuerzas de ocupación y se dedicaban a la extorsión legalizada. Por lo que es significativo que Jesús llamó a un cobrador de impuestos a ser uno de sus seguidores. Cuando los fariseos criticaron a Jesús por aceptar la invitación de Mateo a su casa para cenar, y por comer con cobradores de impuestos y otros pecadores de mala reputación, Jesús aprovechó la ocasión para enseñar la importancia de la compasión. Enfatizó que había venido precisamente para esos pecadores, no para aquellos que se consideraban rectos (Mateo 9:9-13; Marcos 2:14-17; Lucas 5:27-32). Mateo respondió de inmediato al llamado de Jesús y lo dejó todo para seguirlo (Lucas 5:28). Esto implica que nunca volvió ni a cobrar impuestos ni a su antigua forma de vida.

El Evangelio de Mateo, escrito para sus compatriotas, nos da una perspectiva judía de la vida y las enseñanzas de Jesús, e incluye temas de interés especial para quienes tenían un trasfondo judío. Su Evangelio fue el Evangelio más popular en la iglesia primitiva, y de seguro es por eso que aparece primero en la secuencia canónica.

Pasajes para estudio adicional

Mateo 9:9-10; 10:3; Marcos 2:14-15; 3:18; Lucas 5:27-29; 6:15; Hechos 1:13

Simón Pedro

Simón Pedro fue el más prominente de los doce apóstoles. Cuando murió Jesús, fue el vocero principal de los primeros cristianos en Jerusalén, y fue el apóstol que más evangelizó a los judíos (Gálatas 2:7-8).

Es probable que el nombre hebreo *Simeón* (transcrito en español como «Simón») haya sido su nombre original. *Cefas* es la transcripción de un nombre arameo que Jesús le puso, el cual significa «piedra» y se traduce en griego como *Petros* (en español, «Pedro»; ver Mateo 16:17-18; Juan 1:42).

Aunque Pedro era de Betsaida, vivió en Capernaúm más adelante (Juan 1:44). Era casado y, una vez, cuando Jesús visitó su hogar, sanó a su suegra (Mateo 8:14-15; Marcos 1:29-31; Lucas 4:38-39; 1 Corintios 9:5).

Pedro y su hermano Andrés, una vez pescadores, estuvieron entre los primeros que Jesús llamó como discípulos, junto con los hermanos Santiago y Juan, sus socios de pesca (Mateo 4:18-22; Marcos 1:16-20; ver Lucas 5:1-11; Juan 1:35-51). Eran obreros comunes y corrientes, con educación mínima (Hechos 4:13).

El nombre de Pedro aparece primero en cada lista de los doce apóstoles (Mateo 10:2; Marcos 3:16; Lucas 6:14; Hechos 1:13). Junto con Santiago y Juan, Pedro fue parte de un «círculo íntimo» de discípulos que estuvieron con Jesús en ciertas ocasiones especiales: la curación de la hija de Jairo, la transfiguración de Jesús y la oración de Jesús en el huerto (Mateo 17:1-2; 26:37; Marcos 5:37; 9:2; 14:33; Lucas 8:51; 9:28-29).

Pedro era audaz e impulsivo (Mateo 26:33; Marcos 14:29; Lucas 5:8; 22:33; Juan 13:36-37; 21:7). Fue el primero de los discípulos en confesar que creía en Jesús como el Mesías (Mateo 16:15-16; Marcos 8:29; Lucas 9:20). Reprobó a Jesús cuando habló de su muerte venidera —noción que no encajaba en la opinión que tenía del Mesías—, y Jesús lo reprendió (Mateo 16:21-23; Marcos 8:31-33). Sin embargo, Jesús habló de él como persona clave que usaría para construir la iglesia (Mateo 16:18-19).

A escondidas, Pedro entró al patio del sumo sacerdote cuando llevaron a Jesús para interrogarlo. Pero cuando fue reconocido y desafiado (en parte, por su acento galileo), a pesar de haber insistido que jamás lo haría, negó de manera enfática conocer a Jesús, como Jesús había predicho (Mateo 26:33-35, 69-75; Marcos 14:29-31, 66-72; Lucas 22:31-34, 54-62). Pedro de inmediato sintió un remordimiento profundo.

Al enterarse de la resurrección, Pedro fue uno de los primeros en correr hacia la tumba para comprobarlo, y parece que fue el primero de los Doce a quien se le apareció el Jesús resucitado (Lucas 24:33-34; Juan 20:3-7; 1 Corintios 15:5). Gran parte de la conversación de Jesús en Juan 21 fue con Pedro, a quien Jesús animó a «alimenta[r] a [sus] ovejas» (Juan 21:15-17).

Tras la venida del Espíritu Santo en Pentecostés, Pedro surgió como el vocero principal de los primeros cristianos (Hechos 2:1-13). Desempeñó un papel crucial en el esparcimiento del evangelio en Judea, predicando de manera audaz a las multitudes, sanando personas e, incluso bajo arresto, hablando sin miedo a las autoridades (2:14–12:25). Dos veces escapó de manera milagrosa de la cárcel (5:18-25; 12:6-11). También ejerció liderazgo en asuntos administrativos de la creciente comunidad de discípulos (5:3-11). Fue el primero en llevarles a los gentiles la Buena Noticia (Hechos 10:1-48; ver Mateo 16:18). Y desempeñó un papel clave en el concilio de Jerusalén, aunque Pablo lo reprendió por no ser congruente en el asunto después (Hechos 15:7-11; Gálatas 2:11-16).

Aparte de que llevó a su esposa en algunos viajes misioneros, se saben pocos detalles de la vida posterior de Pedro y de su trabajo misionero (1 Corintios 9:5). (Pudo haber pasado algún tiempo en Corinto; ver 1 Corintios 1:12; 3:22). La tradición primitiva generalizada dice que Pedro fue crucificado, al igual que su Señor y como Jesús lo había predicho, en Roma durante la persecución de los cristianos por parte de Nerón en 64–65 d. C. (Juan 21:18-19). (Es menos seguro que haya sido crucificado de cabeza). Es probable que Pedro haya sido la fuente del material que Marcos registra en su Evangelio, del cual Marcos probablemente supo cuando ayudó a Pedro en su trabajo evangelístico en Italia, cerca del final de su vida. También se entiende, tradicionalmente, que Pedro es el autor de 1 Pedro (escrita desde Roma, «Babilonia», 1 Pedro 5:13) y 2 Pedro.

En el Nuevo Testamento, Pedro es un ejemplo reconfortante tanto de la gracia perdonadora de Cristo para quienes saben que le han fallado como de cómo Cristo puede restaurar con misericordia y usar a esas personas, a pesar de sus fracasos, para la gloria de él.

Pasajes para estudio adicional

Mateo 4:18-20; 8:14; 10:2; 14:28-31; 15:15; 16:16-19, 22-23; 17:1-4, 24-27; 18:21; 19:27; 26:33-45, 58, 69-75; Marcos 1:16-18, 29-30, 36-37; 3:16; 5:37; 8:29-33; 9:2-6; 10:28; 11:21; 13:3-4; 14:29-42, 54, 66-72; 16:7-8; Lucas 4:38; 5:3-10; 6:14; 8:45, 51; 9:20, 28-33; 12:41; 18:28; 22:8, 31-34, 55-62; 24:12, 34; Juan 1:40-42, 44; 6:8, 68; 13:6-10, 24, 36-38; 18:10-11, 15-18, 25-27; 20:2-6; 21:2-21; Hechos 1:1–12:25; 15:7-11; Gálatas 2:7-16; 1 Pedro 1:1–5:14; 2 Pedro 1:1–3:18

Mujeres que se llamaron María

Aparte de la madre de Jesús, se mencionan otras cuatro Marías en los Evangelios:

(1) María Magdalena (de seguro de Magdala en Galilea), a quien Jesús liberó de posesión demoníaca y quien llegó a ser una seguidora fiel y sostén económico de Jesús y sus discípulos (ver Mateo 27:55-56; Marcos 15:40-41; 16:9; Lucas 8:1-3). Estuvo presente cuando crucificaron a Jesús y lo sepultaron, y fue a la tumba el domingo en la mañana con especias para el entierro (Mateo 27:55-61; Marcos 15:40-47; Juan 19:25; ver Lucas 23:49, 55-56). Fue una de las primeras en enterarse de la resurrección, y fue la primera en ver al Jesús resucitado (Mateo 28:1-10; Marcos 16:1-11; Lucas 24:1-11, 22-24; Juan 20:1-2, 11-18).

(2) María, madre de Santiago el menor (diferente al apóstol Santiago) y José, también estuvo entre las mujeres presentes cuando crucificaron y sepultaron a Jesús (Mateo 27:55-61; Marcos 15:40-47; ver Lucas 23:49, 55). Al igual que María Magdalena, fue de las primeras que oyó la noticia de la resurrección, y fue una de las primeras en ver al Jesús resucitado (Mateo 28:1-10; Marcos 16:1-8; Lucas 24:1-11).

(3) María de Betania fue hermana de Marta y Lázaro. Jesús amaba mucho a su familia y la elogió por su entusiasmo por aprender de él (Lucas 10:38-42; Juan 11:5). Poco después de que Jesús resucitó a su hermano, María ungió sus pies con un perfume costoso, lo cual Jesús defendió cuando otros lo criticaron como extravagancia (Juan 11:32-45; 12:1-11; ver Mateo 26:6-13; Marcos 14:3-9).

(4) María, esposa de Cleofas, también estuvo entre las mujeres que presenciaron la crucifixión de Jesús (Juan 19:25). Cleofas, su esposo, no se menciona en ninguna otra parte del Nuevo Testamento.

Pasajes para estudio adicional

Mateo 27:55-61; 28:1; Marcos 15:40-47; 16:1-11; Lucas 8:2-3; 10:38-42; 24:1-10; Juan 11:1-6, 17-24; 12:3-8; 19:25; 20:1-2, 11-18; Hechos 12:12

Herodes Antipas

Herodes Antipas, sexto hijo de Herodes el Grande, fue gobernante de Galilea y Perea desde el 4 a. C. al 39 d. C., durante la vida de Jesús. Su jurisdicción incluía las regiones donde Jesús y Juan el Bautista concentraron sus ministerios.

Él fundó ciudades según el ejemplo de su padre. Séforis, su primer proyecto, era la ciudad más grande de Galilea y la capital de Antipas hasta que construyó Tiberias, en la ribera occidental del mar de Galilea, llamada en honor al emperador reinante, Tiberio (14–37 d. C.). Antipas la completó en el 23 d. C. y la convirtió en su capital.

Herodes Antipas ofendió a muchos judíos al divorciarse y casarse con Herodías, esposa de su medio hermano, Herodes Felipe. El matrimonio violaba la ley de Moisés porque Felipe estaba vivo (Levítico 18:16; 20:21). Cuando Juan el Bautista expresó estar en contra del matrimonio, Antipas lo encarceló, temiendo que la denuncia de Juan llevara a una revuelta política (Marcos 6:17-18; Josefo, *Antigüedades* 18.5.2). Más adelante, en un banquete, la hija de Herodías complació a Herodes con su baile, lo cual lo hizo prometer, sin pensar, que le daría lo que quisiera. Herodías aprovechó para que decapitaran a Juan (Mateo 14:1-12).

Para Antipas era obvio que el ministerio de Jesús era aún más extraordinario que el de Juan, pero se mostró reacio a forzar una reunión, temiendo poner a la gente en su contra (ver Marcos 6:14-16; Mateo 14:1-2; Lucas 9:7-9). Jesús, por su parte, lo criticó abiertamente (Marcos 8:15; Lucas 13:31-33).

Cuando arrestaron a Jesús, Pilato no le encontró falta y se lo envió a Herodes Antipas en Jerusalén, quizás buscando reconciliarse con Antipas. Su relación había estado tensa desde la masacre de Galilea y porque Pilato había llevado a Jerusalén escudos votivos con la imagen de Tiberio, y los judíos los consideraron blasfemos (Lucas 13:1; Filón, *Embajada a Gayo* § 299–304). Antipas solo se burló de Jesús y se lo regresó a Pilato, pero Herodes y Pilato se reconciliaron después de todo (Lucas 23:6-12).

Más adelante, el rey Aretas, de cuya hija Herodes Antipas se había divorciado, lo derrotó en la guerra. (Los judíos interpretaron esta derrota como un acto de juicio divino). Entonces, el emperador Gayo lo destituyó en el 39 d. C. y lo desterró en respuesta a las acusaciones de Herodes Agripa I sobre una conspiración de Antipas en contra de Roma.

Pasajes para estudio adicional

Mateo 14:1-12; Marcos 1:14; 6:14-29; Lucas 3:1, 19-20; 9:7-9; 13:31-33; 23:7-12, 15; Hechos 4:27

Judas Iscariote

Es triste que a Judas Iscariote se le conozca por haber traicionado a Jesús ante las autoridades (Mateo 10:4; Marcos 3:19; Lucas 6:16). El significado de «Iscariote» es incierto; podría referirse a una aldea llamada Queriot. No es el mismo que Judas, hijo de Santiago (Lucas 6:16; Juan 14:22).

Entre los apóstoles, Judas Iscariote llegó a conocerse como avaro; cargaba el bolso de dinero y tenía la reputación de que robaba de él (Juan 12:4-6). El dinero que los principales sacerdotes le ofrecieron como soborno más adelante lo convenció de traicionar a Jesús (Mateo 26:14-16; Marcos 14:10-11; Lucas 22:3-6).

Jesús llamó diablo al mismo Judas y predijo la traición (Marcos 14:18-21; Juan 6:70-71). El diablo puso la idea de traición en la mente de Judas, y Satanás «entró» en él en el momento de la traición (Lucas 22:3-4; Juan 13:2, 27). Judas dirigió a un grupo de soldados y funcionarios hacia el huerto de Getsemaní a la medianoche, donde encontró a Jesús y lo traicionó con una señal convenida: un beso de saludo (Marcos 14:43-46). Más adelante, parece ser que el remordimiento por haber traicionado a un hombre inocente lo superó, y se ahorcó (Mateo 27:3-10; Hechos 1:18-19).

Jesús entendió bien que la traición de Judas era parte del plan de Dios para la redención: produjo la muerte del Mesías como el sacrificio definitivo por el pecado (Mateo 26:24, 53-54; Marcos 14:21; Lucas 22:22; Juan 17:12). Aunque Judas cumplió el plan de Dios, evidentemente merecía su trágico final (Hechos 1:24-25). Le hubiera sido mejor jamás haber nacido (Mateo 26:24; Marcos 14:21). El destino de Judas advierte con seriedad a quienes parecen ser seguidores de Jesús pero nunca se han comprometido con él de manera personal (ver Hebreos 6:4-6).

Pasajes para estudio adicional

Mateo 10:4; 26:14-16, 23-25, 46-50; 27:3-10; Marcos 3:19; 14:10-11, 18-21, 43-45; Lucas 6:16; 22:3-6, 22, 47-48; Juan 6:70-71; 12:4-6; 13:2, 18, 21-30; 17:12; 18:2-5; Hechos 1:16-26

Poncio Pilato

Poncio Pilato fue gobernador romano de Judea desde el 26 hasta el 36 d. C., lo cual incluye el tiempo de la muerte de Jesús en el 30 o 33 d. C. Pilato dio la orden oficial de que Jesús fuera crucificado.

Como gobernador de Judea, Pilato estaba al control de todas las fuerzas romanas de ocupación, así como del templo y de sus fondos. Era el único con la autoridad para ejecutar criminales, por lo que las autoridades judías se vieron obligadas a presentar cargos ante Pilato para que ejecutaran a Jesús (ver Juan 18:31; Marcos 15:1-4).

En ocasiones, Pilato abusó de su papel como gobernador. Se apropió de fondos del templo para construir un acueducto de 56 kilómetros para Jerusalén, lo cual provocó una gran protesta. En respuesta, Pilato hizo que soldados disfrazados se infiltraran entre la multitud y apalearan a los agresores hasta la muerte (Josefo, *Guerras* 2.9.4; *Antigüedades* 18.3.2). En otra ocasión, Pilato asesinó a galileos «mientras ofrecían sacrificios en el templo» (Lucas 13:1). (Puede que este incidente lo haya distanciado del gobernador galileo Herodes Antipas). Pilato también trató de llevar imágenes del César a Jerusalén para adoración. Más adelante (36 d. C.), masacró a peregrinos que seguían a un falso profeta samaritano, por lo cual Tiberio lo destituyó ese mismo año.

Cada Evangelio registra el papel que Pilato desempeñó en la muerte de Jesús (Mateo 27:11-26; Marcos 15:1:1-15; Lucas 23:1-25; Juan 18:28–19:16; ver Hechos 3:13; 4:27; 13:28; 1 Timoteo 6:13). Después de interrogar a Jesús, quedó convencido de que Jesús no merecía la muerte, por lo que trató de devolverle el caso a las autoridades judías. Cuando se resistieron, trató de pasar a Jesús a Herodes Antipas, pero él, también, rechazó el caso. Pilato entonces trató de apelar a una tradicional costumbre romana de liberar a un prisionero durante la Pascua. Mientras tanto, su esposa había estado profundamente preocupada por un sueño acerca de «ese hombre inocente» (Mateo 27:19). Pero el clamor de la multitud llegó a ser amenazante, y los líderes judíos comenzaron a insinuar que Pilato no estaba tomando en serio la amenaza de Jesús para Roma. Pilato se rindió ante la presión judía. Después de objetar enérgicamente y de declararse inocente de la culpa de semejante muerte injusta, ordenó que le dieran latigazos a Jesús y que lo crucificaran con el título de «El Rey de los judíos» en un letrero sobre su cabeza (Mateo 27:18-25; Marcos 15:14; Lucas 23:4, 13-23, 28; Juan 18:38; 19:4-16, 19). Su actitud hacia Jesús es un testimonio de que Jesús no representaba ninguna amenaza para el gobierno romano, sino tan solo para el liderazgo judío. Ese pudo haber sido un detalle útil para los cristianos posteriores a quienes se les describía como amenaza para Roma.

Poco después de la muerte de Jesús, Pilato le dio permiso especial a José de Arimatea para llevarse el cuerpo de Jesús de la cruz y enterrarlo (Mateo 27:57-61; Marcos 15:42-46; Lucas 23:50-53; Juan 19:38-42). También les dio permiso a las autoridades judías de sellar la tumba para asegurar que nadie se robara el cuerpo o hiciera afirmaciones falsas de que había resucitado (Mateo 27:62-66).

Se sabe poco de Pilato después de su destitución en el 36 d. C., pero Eusebio reporta que se suicidó durante el reinado de Calígula, 37–41 d. C. (Eusebio, *Historia de la iglesia* 2.7).

Pasajes para estudio adicional

Mateo 27:2, 11-26, 57-58, 62-65; Marcos 15:1-15, 43-45; Lucas 3:1; 13:1; 23:1-25, 52; 18:28–19:16; 19:31, 38; Hechos 3:13; 4:27; 13:28; 1 Timoteo 6:13

María, madre de Jesús

María, esposa de José, fue la madre virgen de Jesús. Una jovencita de Nazaret, María estaba comprometida con José, un carpintero. Antes de la boda, un ángel le anunció que quedaría embarazada por el poder del Espíritu de Dios y que daría a luz al Hijo de Dios (Lucas 1:26-35). María respondió con una fe sencilla, y se sometió con humildad a la voluntad de Dios (Lucas 1:38, 46-55). Poco después, su parienta Elisabet le confirmó el mensaje y habló de ella como la más bendita de las mujeres (Lucas 1:39-45). El alumbramiento milagroso del Hijo de Dios por María se vio como el cumplimiento de una profecía (Isaías 7:14).

El nacimiento de Jesús fue inusual. José llevó a María a Belén por un censo romano, y Jesús nació en un establo a falta de otro alojamiento (Lucas 2:1-7). Después, María y José huyeron a Egipto para salvarlo de la masacre de niños varones en Belén, ordenada por Herodes (Mateo 2:13-18). Al volver, se reestablecieron en Nazaret para criar a su familia (Mateo 2:19-23). Después de Jesús, María tuvo varios hijos e hijas (Mateo 13:55-56; Marcos 6:3). Es probable que ella misma le haya contado a Lucas los detalles del nacimiento de Jesús (ver Lucas 2:51).

A sus doce años, Jesús se quedó en el templo durante un viaje a Jerusalén. María y José lo reprendieron por haberse quedado cuando se fueron, pero no entendieron la respuesta de Jesús (Lucas 2:41-51). A principios del ministerio público de Jesús, María lo animó a hacer un milagro en una boda en Caná (Juan 2:1-11). Más adelante, cuando ella y los hermanos de Jesús fueron a verlo, él dijo que sus discípulos eran su «verdadera familia» (Mateo 12:46-50; Marcos 3:31-35; Lucas 8:19-21).

Cuando lo crucificaron, María estaba entre las mujeres observando (ver Marcos 15:40, 47; Juan 19:25). Cuando Jesús estaba por morir, le pidió a Juan, el «discípulo que él amaba», que cuidara de María como a su propia madre (Juan 19:26-27). Después de la muerte y resurrección de Jesús, parece que María fue miembro de la comunidad de creyentes ya que es mencionada entre los que estaban orando cuando el Espíritu descendió el día de Pentecostés (Hechos 1:14).

Dios escogió a María para traer al mundo a su Hijo, el Salvador. Para todos los cristianos, ella es un modelo de sumisión humilde y obediente a la voluntad de Dios.

Pasajes para estudio adicional

Mateo 1:16, 18-25; 2:11, 13-23; Lucas 1:26–2:51; Juan 19:25-27; Hechos 1:14

Santiago, hijo de Zebedeo

Santiago, hijo de Zebedeo y hermano de Juan, fue uno de los doce apóstoles y estuvo entre los primeros en morir asesinado por ser un seguidor de Jesús. Es posible que su madre haya sido hermana de María, la madre de Jesús, lo cual lo haría primo de Jesús (ver Mateo 27:56; Marcos 15:40; 16:1; Juan 19:25). Su nombre, por lo general, aparece antes que el de Juan, lo que puede sugerir que Santiago era el mayor. No debe ser confundido con el hijo de Alfeo o con el hermano de Jesús (ver Lucas 6:15).

Santiago y Juan eran pescadores como su padre (Mateo 4:21; Marcos 1:19). Pescaban con Pedro y Andrés, otros hermanos que llegaron a ser discípulos (Lucas 5:10). Fueron de los primeros a quienes Jesús llamó como discípulos, y lo dejaron todo, incluso a su padre, para seguir a Jesús (Mateo 4:22; Marcos 1:20; Lucas 5:11). Jesús los llamó «hijos del trueno», lo cual podría implicar que tenían personalidades vehementes, aunque la connotación exacta no es clara (Marcos 3:17; ver Lucas 9:54).

Santiago y Juan eran de los más cercanos a Jesús. Junto con Pedro, formaban un círculo íntimo de discípulos de confianza que acompañaban a Jesús en ocasiones especiales, como cuando sanó a la hija de Jairo, conversó con Elías y Moisés en una montaña, y agonizó en oración en el huerto (Mateo 17:1-3; 26:37; Marcos 5:37; 9:2-4; 14:33; Lucas 8:51; 9:28-30). En una ocasión, los hermanos provocaron la indignación de los demás discípulos al pedir posiciones especiales de privilegio en el reino venidero (Mateo 20:20-28; Marcos 10:35-45; ver Lucas 22:24-27).

Tal vez debido a la prominencia de Santiago entre los discípulos, Herodes Agripa hizo que lo asesinaran poco después de la muerte de Jesús, lo cual agradó a los líderes judíos y cumplió la predicción de Jesús de que Santiago bebería la copa amarga que él bebió (Mateo 20:23; Marcos 10:38-39; Hechos 12:1-3).

Santiago era una persona trabajadora común y corriente a quien Jesús llamó como discípulo. Su disposición a dejar todo lo que tenía —trabajo, familia y hogar— para seguir a Jesús con una confianza sencilla, y para morir por él al final, lo convierte en un modelo de discipulado comprometido.

Pasajes para estudio adicional

Mateo 4:21-22; 10:2; 17:1; 20:20-24; 26:37-46; Marcos 1:19-20, 29; 3:17; 5:37; 9:2; 10:35-41; 13:3-4; 14:33-42; Lucas 5:10; 6:14; 8:51; 9:28, 54-55; Juan 21:2; Hechos 1:13; 12:2

Marta, María y Lázaro

Marta y María vivían con su hermano Lázaro en Betania, cerca de Jerusalén. Jesús amaba a esta familia y pasaba tiempo con ellos. Marta y María se mencionan solo en Lucas y Juan, y Lázaro solo aparece en Juan (este Lázaro no es el mendigo de Lucas 16:19-31).

El relato que Lucas ofrece de estas dos hermanas se enfoca en el contraste entre Marta y María (10:38-42). Cuando Jesús visitó su hogar, Marta estaba ocupada en la cocina y se molestó con su hermana por no ayudarla a preparar la comida. Jesús defendió el deseo de María de sentarse y aprender de él como el asunto más importante.

Jesús resucitó a Lázaro de entre los muertos (Juan 11:1-44). Cuando Jesús llegó a Betania, cuatro días después de que Lázaro había muerto, las hermanas expresaron su consternación porque Jesús no había llegado a tiempo para sanar a su hermano enfermo, y Jesús se conmovió por el llanto de la familia y los amigos de Lázaro. Fue a la tumba y le ordenó a Lázaro que saliera. Para el asombro de todos, Lázaro lo hizo, envuelto en los lienzos con los que había sido enterrado. Este asombroso milagro ejemplifica a Jesús como el dador de vida eterna (Juan 11:25-26). Es irónico que el restaurar la vida de Lázaro también haya incitado a los líderes judíos a matar a Jesús porque mucha gente estaba respondiendo a los milagros de Jesús (Juan 11:47-53; 12:10-11).

Poco después, cuando la familia invitó a Jesús a su hogar para una comida de celebración, María derramó una botella de perfume muy costoso sobre él. Cuando la gente la criticó por lo que consideraba un desperdicio extravagante, Jesús la defendió y dijo que anticipaba su muerte venidera (Juan 12:1-8; ver Mateo 26:6-13; Marcos 14:3-9).

Pasajes para estudio adicional

Mateo 26:6-13; Marcos 14:3-9; Lucas 10:38-42; Juan 11:1-44; 12:1-11, 17

Juan el Bautista

Juan el Bautista fue un predicador apasionado al aire libre que llamaba a la gente al arrepentimiento y a que se bautizara. Desempeñó el papel de Elías de preparar a las personas para la llegada del Mesías (Malaquías 4:4-5; Mateo 11:14; 17:12; Marcos 9:13).

El nacimiento de Juan, al igual que el de Jesús, fue milagroso. Sus padres eran de edad avanzada y no habían podido tener hijos (Lucas 1:5-25). Elisabet, su madre, era parienta de María, la madre de Jesús, por lo que Juan fue familiar de Jesús (Lucas 1:36). Dos nacimientos milagrosos alrededor del mismo tiempo señalaron el inicio de la obra redentora de Dios.

Juan estuvo lleno del Espíritu Santo desde su nacimiento y dedicó su vida a preparar a las personas para la venida del Señor (Lucas 1:15-17). Vivía en el desierto, y comenzó a predicar cuando tenía alrededor de treinta años (Lucas 1:80). Se vestía como un profeta y subsistía de comida del desierto (langostas y miel silvestre), y llamaba a todos a que se arrepintieran y se bautizaran (Mateo 3:1-2, 4; Marcos 1:4, 6; Lucas 3:1-3). Incluso reprendió a los líderes religiosos que venían a oírlo (Mateo 3:7-10).

Aunque no quería, pues consideraba a Jesús superior, Juan bautizó a Jesús, aquel que «bautizar[ía] con el Espíritu Santo» (Juan 1:33; Mateo 3:11, 13-17; Marcos 1:7-8; Lucas 3:16; ver Juan 3:23-30). Animó a sus seguidores a convertirse en discípulos de Jesús, y muchos lo hicieron, incluso Andrés, Apolos y los doce discípulos de Éfeso (Juan 1:35-40; Hechos 18:24-26; 19:1-7).

Cuando Herodes se casó con Herodías, la esposa de Felipe, hermano de Herodes, Juan lo juzgo con severidad. Para agradar a Herodías, Herodes encarceló a Juan y luego lo decapitó (Mateo 14:3-12; Marcos 6:17-29; Lucas 3:19-20). El encarcelamiento de Juan marcó el inicio de la predicación pública de Jesús (Mateo 4:12; Marcos 1:14).

Poco antes de su muerte, Juan parecía estar confundido en cuanto a Jesús y envió mensajeros desde la cárcel para preguntarle si en realidad era el Mesías. Jesús no hizo lo que la mayoría de las personas anticipaban que el Mesías haría. En lugar de traer juicio y un reino visible, él trajo perdón, sanidad y un reino espiritual. Para tranquilizar a Juan, Jesús habló de las cosas milagrosas que Dios estaba haciendo por medio de él (Lucas 7:18-23).

Juan permaneció fiel a su llamado durante toda su vida, y predicó constantemente del arrepentimiento y el juicio de Dios, incluso a las personas que no querían oírlo. Jesús se refirió a Juan como uno de los siervos más grandes de Dios que han vivido, el final de una larga lista de profetas que anticiparon la venida del reino de Dios (Mateo 11:2-19; Lucas 7:18-35; 16:16). Juan se paró en el umbral de la nueva era, proclamando su venida a todos los que quisieran escuchar.

Pasajes para estudio adicional

Mateo 3:1-15; 4:12; 9:14; 11:2-19; 14:1-12; 16:14; 17:10-13; 21:24-27, 31-32; Marcos 1:1-9, 14; 2:18; 6:14-29; 8:28; 9:11-13; 11:29-33; Lucas 1:13-17, 36, 39-43, 57-66, 76-80; 3:1-21; 5:33; 7:18-35; 9:7-9, 19; 11:1; 16:16; 20:3-8; Juan 1:6-37; Juan 3:23-36; 4:1-3; 10:40-42; Hechos 1:5; 10:37; 11:16; 18:25-26; 19:1-7

Juan, hijo de Zebedeo

Juan, hermano de Santiago e hijo de Zebedeo, fue uno de los doce apóstoles. La tradición temprana lo identifica como el autor del Evangelio de Juan, de las Epístolas de Juan y del libro del Apocalipsis.

Juan y Santiago, su hermano, estuvieron entre los más cercanos a Jesús (Marcos 5:37; 9:2; 13:3; 14:33). Puede que su madre, Salomé, haya sido hermana de María, la madre de Jesús (ver Mateo 27:56; Marcos 15:40; 16:1; Juan 19:25). El nombre de Juan, por lo general, aparece después del nombre de Santiago, lo que sugiere que Juan era menor. Santiago y Juan eran pescadores como su padre (Mateo 4:21; Marcos 1:19). Pescaban con Pedro y Andrés, hermanos que también llegaron a ser discípulos (Lucas 5:8-10). Estuvieron entre los primeros a quienes Jesús llamó a ser discípulos, y lo dejaron todo para seguirlo (Mateo 4:22; Marcos 1:20; Lucas 5:11; ver Juan 1:35-40). Jesús los llamó «hijos del trueno», lo que podría implicar que eran muy escandalosos o de mal genio (Marcos 3:17; ver Lucas 9:54). En cierto momento, provocaron la indignación de los demás discípulos cuando pidieron puestos especiales de privilegio en el reino venidero (Mateo 20:20-28; Marcos 10:35-45; ver Lucas 22:24-27).

Se entiende que Juan es el «discípulo a quien Jesús amaba», quien no se nombra, y el «otro discípulo» que se menciona en el Evangelio de Juan (Juan 13:23-25; 18:15-16; 19:26-27; 20:2-10; 21:20-24). Pudo haber sido el discípulo que no se nombra de Juan el Bautista, quien, junto con Andrés, llegó a ser uno de los primeros seguidores de Jesús (Juan 1:35-40). El nombre de Juan aparece tres veces en Hechos, y cada vez estaba trabajando con Pedro (Hechos 3:1-11; 4:1-23; 8:14-25). Pablo se refirió a él como uno de los «pilares» de la iglesia de Jerusalén (Gálatas 2:9).

La tradición más generalizada acerca de la vida posterior de Juan es que fue a Éfeso, donde, con el paso del tiempo, llegó a ser el obispo del Asia Menor, y que vivió hasta una edad avanzada y murió en paz en compañía de amigos. Su Evangelio provee una descripción profunda de Jesús, y sus cartas proporcionan una descripción emotiva de la vida cristiana (Juan 1–3).

Pasajes para estudio adicional

Mateo 4:21-22; 10:2; 17:1; 20:20-24; 26:37-46; Marcos 1:19-20, 29; 3:17; 5:37; 9:2, 38; 10:35-41; 13:3-4; 14:33-42; Lucas 5:10; 6:14; 8:51; 9:28, 49, 54; Juan 13:23-25; 18:15-16; 19:26-27; 20:2-10; 21:2, 7, 20-24; Hechos 1:13; 3:1-11; 4:1-22; 5:17-42; 8:14-25; Gálatas 2:9

Tomás

Tomás, también conocido como «el Gemelo», fue uno de los doce apóstoles (Mateo 10:3; Marcos 3:18; Lucas 6:15; Juan 11:16; Hechos 1:13). Se le recuerda más por su reacción incrédula a la resurrección de Cristo.

No se sabe nada de cómo Jesús lo conoció y lo llamó a ser discípulo. Los únicos relatos se encuentran en el Evangelio de Juan. Tomás expresó su disposición a seguir a Jesús, incluso si eso significaba la muerte; le dijo abiertamente a Jesús que no entendía lo que decía; y fue uno de los siete discípulos que volvieron a pescar después de la resurrección, cuando Jesús se les apareció (Juan 11:16; 14:5; 21:2).

Cuando Jesús se les apareció por primera vez a sus discípulos después de su muerte, Tomás no estaba. Cuando él oyó el reporte, no lo creyó, e insistió que tendría que ver la evidencia de la crucifixión en el cuerpo de Jesús con sus propios ojos y sentirla con sus propias manos (Juan 20:19-25). Una semana después, cuando Jesús se les apareció una vez más a los discípulos, se dirigió a Tomás, le dijo que examinara las marcas de los clavos y la lanza en su cuerpo, y lo desafió a creer y a no ser escéptico (Juan 20:26-27). La respuesta de Tomás representa una de las declaraciones más fuertes de la deidad de Jesús en el Nuevo Testamento, y es la culminación de la descripción de Jesús que hace el Evangelio de Juan: «¡Mi Señor y mi Dios!» (Juan 20:28).

La tradición tardía dice que Tomás trabajó como misionero en el Oriente: en Partia (Eusebio), Persia (Jerónimo) e India (*Hechos de Tomás*). La iglesia Mar Thoma, de la costa occidental de la India, rastrea el origen de sus raíces hasta el trabajo misionero temprano de Tomás. La confiabilidad histórica de estos relatos es incierta.

El nombre de Tomás también está vinculado, de forma poco confiable, a algunos escritos apócrifos posteriores: los *Hechos de Tomás*, el *Evangelio de la infancia de Tomás*, la *Epístola a los apóstoles*, el *Apocalipsis de Tomás*, el *Libro de Tomás el atleta* y, específicamente, el *Evangelio de Tomás*, una colección gnóstica de los dichos de Jesús.

Pasajes para estudio adicional

Mateo 10:3; Marcos 3:18; Lucas 6:15; Juan 11:16; 14:5; 20:24-29; 21:2; Hechos 1:13

Bernabé

A Bernabé se le presenta en Hechos como un líder cristiano modelo. Nativo de Chipre, estuvo activo en la iglesia de Jerusalén y demostró una generosidad abnegada al suplir las necesidades de los miembros más pobres de esa comunidad (Hechos 4:32-37). Su nombre era José, pero le apodaron Bernabé («hijo de ánimo»), lo que indica su carácter (4:36). Era la persona apropiada para dar una evaluación, libre de prejuicios, del trabajo nuevo en Antioquía (11:19-22). Bernabé percibió la bendición de Dios allí y «alentó a los creyentes a que permanecieran fieles al Señor» (11:23). Su excelente carácter fue evidente en su bondad transparente, su fe abundante y vida y sus obra llenas del Espíritu Santo (11:24). El Espíritu lo escogió junto con Saulo para un trabajo especial (conocido ahora como el primer viaje misionero), y la iglesia de Antioquía los envió (13:1-3).

La sabiduría de Bernabé se evidencia en su viaje anterior a Tarso en busca de Saulo (11:25). Bernabé había quedado impresionado con la singularidad de la predicación de Pablo como nuevo cristiano en Damasco y lo había llevado a los apóstoles, haciendo así una presentación vital de un hombre que estaba bajo sospecha por sus previos ataques implacables en contra de los creyentes. Gracias a la intervención de Bernabé, Saulo obtuvo el contacto necesario con los apóstoles originales, recibió su aceptación y predicó sin miedo en Jerusalén hasta que lo obligaron a irse (9:26-30). El viaje de Bernabé fue exitoso y, por todo un año, los dos trabajaron juntos en la iglesia de Antioquía, atrayendo a grandes multitudes (11:26).

Bernabé fue una figura impresionante (como observamos en su recepción en Listra como Zeus, 14:8-18). Fue primo y mentor de Juan Marcos, y desempeñó un papel importante al darle a Juan Marcos una segunda oportunidad de hacer el bien como líder cristiano después de que había abandonado una misión anterior (15:36-40).

Bernabé conocía la presión de grupo, y se rindió ante ella en una ocasión (Gálatas 2:11-13). Bernabé no era perfecto, pero era un «hijo de ánimo» para muchos y un hombre generoso y abnegado que fomentó el crecimiento en los demás y en la iglesia.

Pasajes para estudio adicional

Hechos 4:36-37; 9:26-28; 11:19-30; 13:1–15:40; Gálatas 2:1-14

Esteban

Esteban fue un cristiano ejemplar de la iglesia primitiva. Por su testimonio, las autoridades judías lo arrestaron y asesinaron. Se le conoce como el primer mártir cristiano.

Esteban fue uno de los siete hombres escogidos para ayudar a administrar la distribución de alimentos a los cristianos necesitados de Jerusalén (Hechos 6:1-6). Fue el más prominente de los siete y se le destaca como un hombre «lleno de fe y del Espíritu Santo» (6:5). Hizo cosas milagrosas, manifestando la gracia y el poder de Dios de una manera inusual, y demostró ser un evangelista y defensor de la fe valiente y efectivo (6:8-10). Su testimonio fue tan poderoso que pronto las autoridades lo arrestaron y lo llevaron ante el Concilio Supremo para interrogarlo (6:9-12).

Cuando los testigos lo acusaron de hablar en contra del templo sagrado y de la ley de Moisés, él se defendió ante el Concilio Supremo judío (Hechos 6:13-14; 7:1-53; ver Marcos 13:2; Juan 2:19; 4:21). Habló de la larga historia que Israel tenía de resistirse a Dios y a sus siervos, primero Moisés y ahora el Profeta a quien Moisés había anunciado (7:51-53). Las autoridades judías, enfurecidas por las acusaciones audaces de Esteban, lo arrastraron fuera de la ciudad y lo apedrearon (7:54-60). Mientras moría, Esteban oró que fueran perdonados (7:60).

El testimonio audaz de Esteban dio origen a la primera ola de persecución de los cristianos (8:1-3). Pero esto dio lugar a que la Buena Noticia se esparciera aún más ya que los creyentes huían de Jerusalén y proclamaban el mensaje de Jesús adondequiera que iban (8:4; 11:19-21). Así, el martirio de Esteban marca el inicio del esparcimiento de la Buena Noticia más allá de las fronteras de Judea.

La vida de Esteban nos recuerda la resuelta oposición que un testimonio cristiano fiel puede provocar. Un testimonio valiente de Cristo puede ser costoso, pero no hay barrera insuperable para el crecimiento de la iglesia (ver Mateo 16:18; Hechos 8:1-4; Apocalipsis 2:10, 13).

Pasajes para estudio adicional

Hechos 6:5—8:2; 11:19; 22:20

Felipe

Felipe fue uno de los primeros en llevarles la Buena Noticia a aquellos fuera de las fronteras de Judea. Era muy respetado entre los primeros cristianos y fue uno de los siete elegidos para administrar el programa de distribución de comida para los creyentes necesitados de Jerusalén (Hechos 6:1-6). Felipe fue un evangelista fuerte y eficaz en el poder del Espíritu.

Cuando los cristianos se vieron obligados a huir de Jerusalén después de la muerte de Esteban, Felipe llevó la Buena Noticia de Cristo al norte, a la ciudad étnicamente mixta de Samaria (8:1-5). Allí realizó muchas curaciones milagrosas y exorcismos, y la gente respondió a su mensaje con entusiasmo (8:5-8). Se bautizaron muchos, incluso un hechicero de mala fama llamado Simón (8:9-13). Luego, bajo la dirección de un ángel, Felipe viajó al suroccidente desde Jerusalén hacia Gaza (8:26). Allí, con la dirección del Espíritu, se encontró con el tesorero de Etiopía, quien regresaba a casa después de visitar Jerusalén (8:27-28). Cuando el etíope le pidió a Felipe que lo ayudara a entender Isaías 53, Felipe le habló de la Buena Noticia acerca de Jesús y luego lo bautizó a un lado del camino (8:30-38). Entonces, de repente, el Espíritu de Dios lo llevó a la ciudad de Azoto donde, una vez más, predicó la Buena Noticia (8:39-40). Viajó por todas las ciudades costeras hasta llegar a la gran ciudad romana de Cesarea, en la costa, donde es evidente que se estableció (8:40; 21:8-9).

Muchos años después, Pablo pasó una noche en el hogar de Felipe, en Cesarea (21:8). Para entonces, Felipe era conocido como Felipe el evangelista. Había criado a cuatro hijas solteras, y todas tenían el don de profecía (21:9).

Felipe ejemplifica a los primeros evangelistas cristianos, a quienes el Espíritu Santo empoderó y guio para autenticar su testimonio (ver 1:8; 3:4-8; 5:12-16; 6:8; 10:9-20; 13:2; 16:6-10; 19:11-12; 20:22-23). Felipe se sometió al poder y a la guía del Espíritu, y Dios lo usó para llevar la Buena Noticia a quienes estaban más allá de las fronteras de Judea.

Pasajes para estudio adicional

Hechos 6:5; 8:4-13, 26-40; 21:8-9

Pablo (Saulo)

Pablo fue un perseguidor destacado de los primeros cristianos, quien llegó a ser apóstol de Jesucristo, el más distinguido entre los primeros misioneros cristianos y el gran apóstol de los gentiles. Él ha hecho más para formar el cristianismo que cualquiera excepto Cristo mismo. Sabemos de él por los relatos de Lucas sobre su conversión y ministerio en Hechos y por las trece cartas con su nombre en el Nuevo Testamento.

Pablo nació en Tarso a padres judíos y ciudadanos romanos (esto le permitió adquirir también la ciudadanía romana) y creció en un hogar tradicional judío. Tuvo el oficio de fabricante de carpas (o curtidor), y fue educado como fariseo por el conocido rabino Gamaliel en Jerusalén. De joven, participó en la persecución violenta de los cristianos (Hechos 22:3-5). Pero una revelación personal y transformadora del Jesús resucitado lo transformó (9:3-6; 22:6-10). Él dedicó el resto de su vida a proclamar a Jesús como Salvador y Señor por el mundo mediterráneo (ver Gálatas 1:11-16). Su dedicación y arduo trabajo, en especial entre los gentiles (a quienes fue llamado de manera específica), resultaron en la fundación de muchas iglesias durante el primer siglo. Él escribió la mayor parte de sus cartas a esas iglesias.

La fe de Pablo en Jesús como el Mesías judío lo diferenció de sus contemporáneos judíos. Su visión de Jesús lo llevó a darse cuenta de que la muerte y resurrección de Jesús dan justicia y poder transformador a quienes creen en él. Pablo ya no entendía la justicia desde el punto de vista del cumplimiento cuidadoso de la ley de Moisés, sino como un regalo de Dios para quienes colocan su confianza en Cristo, el Salvador que murió por sus pecados (Romanos 4:1-8). Estaba convencido de que este regalo es para los gentiles también.

Sus trece cartas tratan una amplia variedad de temas como la salvación y lo que los cristianos creen acerca de Cristo (Romanos, Gálatas, Efesios, Colosenses), problemas específicos en la iglesia (1 Corintios), la naturaleza de la vida y la comunidad cristianas (Efesios, Colosenses) y preguntas sobre su propia autoridad como apóstol (2 Corintios, Gálatas). Algunas de sus cartas tienen la intención de animar a creyentes jóvenes sufriendo por su fe (Filipenses, 1 Tesalonicenses) o de corregir falsas enseñanzas (Gálatas, Colosenses, 2 Tesalonicenses). Otras fueron dirigidas a personas y dan consejo especial relacionado con su vida y ministerio (1–2 Timoteo, Tito, Filemón). Juntas, estas trece cartas revelan mucho sobre la vida de los primeros cristianos, los problemas que enfrentaron y el entendimiento, centrado en la gracia, que Pablo tenía de la fe y de la vida cristiana.

Sus cartas, con su fuerte enfoque en Cristo, reflejan su pasión total por Cristo y sus dos convicciones de que (1) la salvación se da solo a quienes ponen su fe en Cristo como Salvador y (2) cada parte de la vida del creyente debe dedicarse a servir a Cristo como Señor (Romanos 14:7-9; 2 Corintios 5:15; Gálatas 2:16). En el Nuevo Testamento, Pablo es el que explica con más claridad lo que es la salvación y nos da la imagen más completa de la vida y la comunidad cristiana (Romanos 1–8). Sus cartas también destacan el poder del Espíritu Santo en la vida de los creyentes (Romanos 8:9-13; Gálatas 5:16-25; ver Gálatas 2:20; Colosenses 1:27). Él anima a los creyentes a buscar el alto estándar de una vida semejante a Cristo (Romanos 8:30; Efesios 4:13, 15; 5:1-2). Los creyentes deben vivir una vida de amor y someterse por completo a Cristo (1 Corintios 13:1-13; Efesios 5:2). Pablo nos muestra cómo y por qué los cristianos deben siempre buscar sus raíces y motivación más profundas en la gracia de Cristo (Romanos 12:1-2). Para Pablo, el todo de la vida del creyente —y de todo el universo— está centrado en Cristo y solo en Cristo; todo encuentra su verdadero significado solo en relación con él (Colosenses 1:15-20; 2:6–3:4).

La vida misionera de Pablo abarcó un período de unos treinta años. Comenzó con su predicación en Damasco poco después de su conversión (c. 32–35 d. C.) y terminó con su encarcelamiento en Roma (60–62 d. C.). Pero las Epístolas pastorales, al parecer, se fechan después, y confiables tradiciones posteriores afirman que Pablo fue liberado (c. 62 d. C.) y continuó su actividad misionera. Fue encarcelado más adelante y, después de una vida de sufrimiento como evangelista de Cristo, murió en la persecución de cristianos por parte de Nerón, alrededor de los años 64–67 d. C. El deseo de Pablo, de no solo sufrir como Cristo sufrió, sino también morir como él, se cumplió así: con la esperanza segura de resucitar algún día como Cristo resucitó (Filipenses 3:10-11).

Pasajes para estudio adicional

Hechos 7:58–8:3; 9:1-31; 11:25-30; 12:25–28:31; Romanos 1:1–16:27; 1 Corintios 1:1–16:24; 2 Corintios 1:1–13:14; Gálatas 1:1–6:18; Efesios 1:1–6:24; Filipenses 1:1–4:23; Colosenses 1:1–4:18; 1 Tesalonicenses 1:1–5:28; 2 Tesalonicenses 1:1–3:18; 1 Timoteo 1:1–6:21; 2 Timoteo 1:1–4:22; Tito 1:1–3:15; Filemón 1:1-25; 2 Pedro 3:15-16

Herodes Agripa I

Herodes Agripa I fue nieto de Herodes el Grande, sobrino de Herodes Antipas y hermano de Herodías. Agripa I gobernó toda Palestina por corto tiempo después de la muerte de Jesús, durante los primeros días del movimiento cristiano (41–44 d. C.).

Cuando estaba en la escuela en Roma, Agripa vivió una vida desenfrenada e incurrió muchas deudas. En cierto momento, afirmó que deseaba que su amigo Cayo Calígula fuera emperador en lugar de Tiberio. Eso se le informó a Tiberio, y lo encarceló. Agripa permaneció en la cárcel hasta que murió Tiberio seis meses después.

Tras ascender al trono, Calígula recompensó a Agripa, librándolo y dándole tanto los territorios de Felipe el Tetrarca y la parte del norte del territorio de Lisanias como el título de rey. Este título despertó los celos de Herodías, y Herodes Antipas (su esposo) se mostró tanto crítico como celoso de Agripa. Por su parte, Agripa respondió acusando a Antipas de conspiración y orquestó el destierro de Antipas. Agripa luego adquirió todos los territorios y posesiones de Antipas (39 d. C.).

Cuando su amigo Calígula murió en 41 d. C., Agripa se ganó el favor del nuevo emperador, Claudio, y Claudio le agregó Judea y Samaria al dominio de Agripa, territorio que alguna vez gobernó su abuelo, Herodes el Grande.

Agripa fue un perseguidor activo de los primeros cristiano. Es recordado por matar al apóstol Santiago y por hacer que arrestaran a Pedro, por lo cual se ganó el favor de los judíos (Hechos 12:1-4). A los judíos, por su parte, les agradó más que los demás Herodes. Agripa murió de manera repentina en el 44 d. C., poco después de que sus súbditos lo aclamaron como un dios (Hechos 12:20-23; ver Josefo, *Antigüedades* 19.8.2; 19.9.1; *Guerras* 2.11.5).

Pasajes para estudio adicional

Hechos 12:1-4, 18-23

Juan Marcos

Juan Marcos, escritor del primer Evangelio (Marcos), fue asistente de los tres primeros misioneros: Bernabé, Pablo y Pedro.

Bernabé y Pablo se llevaron a Marcos como asistente en su primer viaje misionero. Sin embargo, por razones desconocidas, los dejó para volver a Jerusalén antes de completar el viaje (Hechos 12:25; 13:4-5, 13). Cuando Bernabé quiso llevárselo en el segundo viaje, Pablo se rehusó de manera rotunda. El severo desacuerdo hizo que el equipo se dividiera: Bernabé se llevó a Marcos (su primo) consigo y Pablo escogió a Silas, y se fueron por caminos distintos (15:36-41).

Más adelante, parece que Pablo y Marcos se reconciliaron y que Marcos fue su asistente de nuevo. En Colosenses, Pablo se refiere a él como colaborador y sugiere que es posible que pronto lo envíe a visitar la iglesia de Colosas (Colosenses 4:10; ver Filemón 1:24). Y más adelante, cuando Pablo esperaba su ejecución en la cárcel de Roma, le pidió a Timoteo que se llevara a Marcos porque Marcos podría serle útil en su ministerio (2 Timoteo 4:11).

También parece que Marcos ayudó a Pedro cuando estuvo involucrado en el trabajo misionero en Italia, cerca del final de su vida. En una de sus cartas, Pedro habla de forma afectuosa de Marcos como su «hijo» con él (1 Pedro 5:13). La tradición cristiana primitiva habla de Marcos como el «intérprete» de Pedro e indica que Marcos obtuvo del mismo Pedro la información para su relato de la vida y las palabras de Jesús (Eusebio, *Historia de la iglesia* 3.39.16). Es casi seguro que el Evangelio de Marcos, que de manera general se considera el primero de los Evangelios, haya sido una de las fuentes clave que Mateo y Lucas usaron cuando escribieron sus propios Evangelios más adelante. Así que el Evangelio de Marcos es uno de los más influyentes de todos los primeros escritos cristianos.

La historia de Marcos nos recuerda que Dios puede vencer los fracasos humanos y restaurar las relaciones inestables por el nombre de Cristo y la Buena Noticia. Los primeros fracasos no descalifican a una persona de una vida de servicio efectivo e incluso de importancia duradera.

Pasajes para estudio adicional

Hechos 12:12, 25; 13:4-5, 13; 15:36-39; Colosenses 4:10; 2 Timoteo 4:11; Filemón 1:23-24; 1 Pedro 5:13

Santiago, hermano de Jesús

Santiago, uno de los hermanos de Jesús, llegó a ser el líder reconocido de la iglesia de Jerusalén poco después de la resurrección de Cristo (Mateo 13:55; Marcos 6:3; Gálatas 1:19; ver Judas 1:1). Se le reconoce tradicionalmente como el autor del libro de Santiago.

Aunque los hermanos de Jesús al inicio fueron escépticos de sus afirmaciones, llegaron a ser creyentes más adelante (Juan 7:2-5; Hechos 1:14). El encuentro personal de Santiago con el Jesús resucitado pudo haber ayudado a convencerlo (1 Corintios 15:7). Se sabe que dos de los hermanos de Jesús (Santiago y Judas) desempeñaron papeles significativos en la comunidad cristiana primitiva. Santiago ascendió con rapidez al puesto de líder de la iglesia de Jerusalén. En el concilio de Jerusalén, él fue fundamental para hacer que los líderes de la iglesia aceptaran a los creyentes gentiles sin requerirles que se circuncidaran, una decisión de gran importancia para Pablo y la primera misión a los gentiles (Hechos 15:13-21). Pablo visitó a Santiago en Jerusalén después de su tercer viaje misionero, tal como lo había hecho antes, después de su conversión (Hechos 21:18; Gálatas 1:19).

Al igual que la mayoría de los cristianos judíos, Santiago siguió cumpliendo la ley de Moisés. Enfatizó que los creyentes necesitaban cumplir ciertas leyes entre judíos (Hechos 15:20-21; 21:18-25). Santiago reconoció la validez del llamado misionero de Pablo y el énfasis en la salvación solo por fe, pero muchos cristianos judíos no lo hicieron (Gálatas 2:6-9). Estos creyentes judíos, a quienes Pablo vincula con Santiago en una ocasión, exigían que los convertidos gentiles se circuncidaran y cumplieran la ley de Moisés para unirse a la comunidad cristiana (ver Gálatas 2:12).

El trasfondo judío de Santiago se refleja en su carta, la cual está llena de consejos sabios y prácticos para la vida, muchos de ellos de acuerdo con la enseñanza de la sabiduría tradicional de las Escrituras judías. Un párrafo de su carta se parece mucho a la obra de los profetas del Antiguo Testamento (p. ej., Amós 5:21-24; 6:1-7; Santiago 5:1-6).

Parece ser que Santiago, a quien sus contemporáneos le pusieron el título de «el justo», fue ejecutado por los sacerdotes judíos de Jerusalén debido a su fe (Josefo, *Antigüedades* 20.9; Eusebio, *Historia de la iglesia* 2.23.4–18).

Pasajes para estudio adicional

Mateo 13:55; Marcos 6:3; Hechos 12:17; 15:13-21; 21:18-25; 1 Corintios 15:7; Gálatas 2:9, 12; Santiago 1:1–5:20; Judas 1:1

Lucas

Lucas, médico gentil que llegó a ser asistente de confianza de Pablo, escribió tanto el Evangelio de Lucas como los Hechos de los Apóstoles, cerca de una cuarta parte del Nuevo Testamento.

Aunque sabemos muy poco del trasfondo de Lucas, parece que se encontró por primera vez con Pablo y su predicación en el Asia Menor occidental, donde se convirtió. Dejó su hogar y le dedicó su vida al servicio de Cristo y la Buena Noticia como un asistente de Pablo, quien habla de él con afecto como «el médico amado» y uno de sus «colaboradores» fieles (Colosenses 4:14; Filemón 1:24). Lucas es el único cristiano que permaneció fiel a Pablo cuando esperaba su ejecución en Roma (2 Timoteo 4:11). Y es el único gentil cuyos escritos se incluyeron en el Nuevo Testamento.

Al acompañar a Pablo en su último viaje a Jerusalén, es probable que Lucas adquiriera la información para su Evangelio y la primera parte del libro de Hechos de personas que entrevistó en Judea cuando Pablo estuvo encarcelado allí por dos años. Después de haber hablado con testigos de Jesús y de haber estudiado con cuidado otros escritos acerca de él, Lucas escribió su propio relato de la vida y las enseñanzas de Jesús (ver Lucas 1:1-4).

Cuando Pablo fue enviado a Roma para ser juzgado, Lucas lo acompañó en el barco. Cuando Pablo estuvo bajo arresto domiciliario, esperando juicio, puede que Lucas haya usado el tiempo para escribir Hechos. Los primeros quince capítulos dan un relato cronológico del primer trabajo misionero como se lo narraron los primeros seguidores de Cristo y, es probable, Pablo mismo. Pero a partir de Hechos 16:10, cuando Lucas se unió al equipo de Pablo, él da el relato de un testigo ocular. En Hechos, Lucas enfatiza cómo el Espíritu Santo empoderó y guio a los primeros misioneros en su testimonio (ver Hechos 1:4-5, 8). El libro termina con Pablo aún bajo arresto domiciliario en Roma (28:30-31).

Estamos en deuda con Lucas por muchos pasajes únicos, incluyendo su relato del nacimiento de Jesús, las descripciones del ministerio de Jesús con las mujeres, las palabras sobre el cuidado de Jesús hacia los pobres y el único relato detallado de los primeros treinta años de la actividad misionera cristiana, todo documentado con cuidado. A través de sus escritos, obtenemos una apreciación mucho más profunda del trabajo crucial del Espíritu Santo en el ministerio de Jesús y los primeros misioneros.

Pasajes para estudio adicional

Lucas 1:3; Hechos 1:1; 16:10; Colosenses 4:14; 2 Timoteo 4:11; Filemón 1:24

Priscila y Aquila

Priscila y Aquila fueron una pareja cristiana con quienes Pablo vivió y trabajó durante sus primeros días en Corinto. Más adelante, estuvieron activos en el ministerio cristiano y fueron fundamentales para llevar a Apolos a un entendimiento genuino de Cristo. Ellos formaron el hábito de abrirles a otros cristianos su hogar con hospitalidad.

Pablo los conoció en Corinto. Habían llegado recientemente porque Claudio César había expulsado a los judíos de Roma (49 d. C.). Como eran fabricantes de carpas (o quizás curtidores) al igual que Pablo, él vivió y trabajó con ellos durante su primer año y medio en Corinto (50–52 d. C.; 18:1-3).

Cuando Pablo dejó Corinto, se llevó a Priscila y Aquila, los dejó en Éfeso, y él regresó a Jerusalén y Antioquía (Hechos 18:18-19). Más adelante, cuando Apolos pasó por Éfeso, predicando con entusiasmo acerca de Jesús en las sinagogas, Priscila y Aquila lo apartaron y le explicaron bien la verdad de Cristo. Como resultado, Apolos llegó a ser un poderoso evangelista y apologeta cristiano (18:24-28).

Más adelante, Pablo habla del hogar de ellos como un lugar de reunión para los cristianos de Éfeso, y envía los saludos de ellos y el suyo a la iglesia de Corinto (1 Corintios 16:19; ver 2 Timoteo 4:19). Parece que a su tiempo regresaron a Roma (supuestamente después de que el edicto de Claudio se relajó) porque son los primeros de entre los muchos a quienes Pablo les envía saludos cuando escribe a la iglesia de Roma (Romanos 16:3-5). Allí, su hogar se convirtió en lugar de reunión de nuevo. Es claro que Pablo sentía un vínculo estrecho de amistad con ellos y que tenía en alta estima su trabajo por Cristo. Se refiere a ellos como sus «colaboradores en el ministerio de Cristo», y hace referencia a una época en la que ellos arriesgaron la vida por él.

Priscila y Aquila son ejemplos de los primeros cristianos que, en el curso de su trabajo diario, fueron valientes en dar testimonio de Cristo y estuvieron activos en la ministración de su pueblo como pareja de casados dedicados al servicio de Cristo. El que el nombre de Priscila aparezca con frecuencia primero (inusual en la época) podría decir algo acerca del fuerte papel que ella desempeñó en el testimonio y ministerio de la pareja.

Pasajes para estudio adicional

Hechos 18:1-3, 18-19, 24-28; Romanos 16:3-5; 1 Corintios 16:19; 2 Timoteo 4:19

Timoteo

Timoteo viajó con Pablo durante gran parte de su carrera misionera, y fue uno de sus asistentes más queridos y de mayor confianza. Dos de las cartas de Pablo fueron para Timoteo cuando era líder de la iglesia de Éfeso, cerca del final de la vida de Pablo.

Timoteo tuvo una madre y una abuela devotas, y era muy respetado por los cristianos de su ciudad natal, Listra, y de la vecina, Iconio (2 Timoteo 1:5). Se unió al equipo misionero de Pablo en su segundo viaje misionero. Pablo menciona palabras proféticas que confirmaron la elección de Timoteo. Él también recibió un don especial de servicio por la imposición de las manos de los ancianos y de Pablo (1 Timoteo 1:18; 4:14; 2 Timoteo 1:6). En deferencia a los judíos del área, Pablo hizo que Timoteo se circuncidara (Hechos 16:1-3).

Por quince años, Pablo lo envió a iglesias (Hechos 19:22; 1 Corintios 4:17; 16:10-11; Filipenses 2:19-23; 1 Tesalonicenses 3:1-6; 1 Timoteo 1:3; ver Hechos 17:14-15; 18:5). Pablo incluyó su nombre como coautor de varias de sus cartas (2 Corintios 1:1; Filipenses 1:1; Colosenses 1:1; 1 Tesalonicenses 1:1; 2 Tesalonicenses 1:1; Filemón 1:1). Queda claro que Pablo tenía una relación cercana con Timoteo y lo estimaba (ver Romanos 16:21; 1 Corintios 4:17; 1 Tesalonicenses 3:2; 1 Timoteo 1:2; 6:11; 2 Timoteo 1:2). Cuando Pablo se acercaba al final de su vida y esperaba su sentencia, anhelaba ver a Timoteo (2 Timoteo 1:3-4). De todos sus colaboradores, elogia a Timoteo en especial por su preocupación por Cristo y su pueblo (Filipenses 2:20-22).

En la segunda carta de Pablo a Timoteo, escrita poco antes de que mataran a Pablo, él lo anima a ser valiente, a no tener miedo al proclamar la Buena Noticia y a estar dispuesto a sufrir por Cristo, palabras fuertes para alguien que podría haber sido tímido por naturaleza (2 Timoteo 1:6-8; 2:1-3; 4:1-2, 5). Timoteo mismo, al parecer, llegó a ser un prisionero más adelante (Hebreos 13:23).

Timoteo fue ejemplar en cómo sirvió con fidelidad la causa de Cristo tras bambalinas, dedicándose sin interés propio y con un enfoque decidido a la obra de Cristo y su pueblo donde se necesitara ayuda. Él nos recuerda que los cristianos deben buscar llegar a ser testigos firmes y efectivos para Cristo.

Pasajes para estudio adicional

Hechos 16:1-3; 17:14-15; 18:5; 19:22; 20:4; Romanos 16:21; 1 Corintios 4:17; 16:10-11; 2 Corintios 1:1, 19; Filipenses 1:1; 2:19-23; Colosenses 1:1; 1 Tesalonicenses 1:1; 3:2-6; 2 Tesalonicenses 1:1; 1–2 Timoteo; Filemón 1:1; Hebreos 13:23